もう笑えない 不思議な世界の裏話！

不思議ジャーナリスト
広瀬 学

◆目次

プロローグ

第1章　大企業の裏で大いに使われている波動の力

第2章　宇宙意識と「超」能力

第3章　「逆引き寄せ」を遮断して本当の願望だけを手に入れる

第4章　テクノロジーが生み出す悲劇

第5章　あなたがスピリチュアルグッズを使うべき理由

プロローグ

スピリチュアルグッズで願いを叶える？

「正直　うさんくさい、あやしい、ちょっとイッちゃってる」

そう思うのが普通です。

しかし、世の中には摩訶不思議な現象がたびたび起こります。

「何だ、この奇跡的な結末は！」

「事実は小説より奇なり」という諺（ことわざ）もあるように、現実は自分の想像をはるかに超えた結末が数多くあるのです。

しかし、スピリチュアルグッズは**成功法則**ではありません。

運を引き寄せる道具です。
人の成功は、９５％以上努力によって達成されます。

しかし、努力だけで１００％成功するわけではありません。

だから、努力している人こそ、**自分の運を引きよせようとする努力**をします。

スピリチュアル製品は、最後の５％を引き寄せるための道具だと思ってください。

努力もしないで、スピリチュアル製品だけで成功することは不可能ですし、もし、奇跡的に成功しても、あとで、とんでもないしっぺがえしを食らう可能性がありますので、ご注意ください（笑）。

これからあなたが成功するために、ライバルと熾烈な競争をすることがあることでしょう。

そのとき「残りの５％（幸運）」が、ライバルとの圧倒的な差になるかもしれません。

運を引き寄せて成功をしたい方は、最後までこの本を読んでみてください。

・今取り組んでいるビジネス
・新しく始めるビジネス
・転職
・お金と時間の自由を手に入れること
・資格試験の合格
・語学の習得
・意中の人と生涯のパートナーとなること
・病気の克服

・自然で健康な生活
・いつまでも若く、美しくいること
・ダイエット

たとえばこのように、おそらく人にはそれぞれ「これを成功させたい！」というものがあるでしょう。

では、どうしたら成功できるのでしょうか？

その方法はいくつかあると思いますが、本書ではスピリチュアルグッズをうまく活用した成功に近づく方法を紹介していきたいと思います。

といっても「これを使えばすぐに成功する！」というようなスピリチュアルグッズはありません。ときどきそう思わせるキャッチコピーのついた商品をネットや雑誌などで見かけますが、その効果は、半分は疑ったほうがよいでしょう。

では、何かを成功させるためにスピリチュアルグッズをどう使えばいいのかというと、そのひとつは、質の良いスピリチュアルグッズを道具として日常で使い続けること。

例をあげると、「スーパー共鳴備長炭」という製品があります。この製品は、手にもっと脳圧を下げる効果があります（ちなみに脳圧に異常が起きると、偏頭痛、肩こり、めまい、疲れ、無気力などが起きます）。

もう少し大雑把にいうなら、この製品を手に持つことで、体のなかのマイナスのエネルギーが放出されるのです。

この商品は、日本でも最高品質といわれている「ウバメカシの紀州備長炭」が使われています。備長炭とは細かい空洞からなる多孔質構造であるので、内部の空間は非常に広いのです。この炭には特殊加工がされているため、体の中のマイナスエネルギーを吸い取ってくれます。

たとえば資格試験に合格したいと思っている人なら、これを試験勉強の前にそっと持って心を落ち着かせます。まずはイライラやざわざわした気持ちを吸い取ってもらうのです。

勉強するときに何よりも大事なのは、「よし、やってやる！」という気持ちと集中力でしょう。

勉強前に「スーパー共鳴備長炭」でマイナスエネルギーを抜くことで、この気持ちと集中力が保たれるようになります。勉強を効率よく行うための最適な状態が作られるのです。

また、「病気を治したい」と思う人にもこの「スーパー共鳴備長炭」は有効です。これを使えばそれだけで病気が治る、というわけではありません。しかし「スーパー共鳴備長炭」で自分の中のマイナスエネルギーを抜くことで「絶対に治ってみせる！」「病気に負けない」という前向きな気持ちが湧いてきます。

病気を治すためにもっとも大事なのは、この「病に打ち勝ってみせる」という前向きな気持ちが重要。健康になるためのもっとも基本の状態が、この商品を使うことで作られるのです。

このように、スピリチュアルグッズは、それを使ったからといって即効果が出るものばかりではありません。しかし願望や目標達成に向けて最短距離を取れるような、最適な状態を作り出してくれるのです。

よく事業で大成功をおさめている方や大金持ちの方が、スピリチュアルグッズを身につけたり、ご自宅に置いているという話を聞きませんか。

おそらく彼らはそうすることで、自分の実力を１００％以上出せるような状態を常につくりだしているのだろうと思います。

道具がいつもそばにあれば、行動も続けられる

ところで、「願望を叶えるのに何より大事なのは行動。とにかく行動しなさい」ということをよく耳にします。

何かを成功させたいと思うときも同じでしょう。行動を起こすことは成功法則のひとつです。

しかし案外、行動するというのは忘れてしまわないでしょうか。

成功した人たちの「～をしたほうがいい」「私はこうした。あなたもそうするべき」などの情報を聞くと、そのときは「そうか、自分もやってみよう！」と思い、張り切って実行に移します。けれどたいていの人は三日坊主で終わってしまいます。それはその人がズボラなわけではなく、単純にやるべき行動を忘れてしまう場合が多いと思うのです。

情報というのは次から次へと新しいものが入ってきて、同時に次から次へと出ていきます。

新しい情報が入ってくると、ついそちらに気をとられてしまい、過去の情報を忘れてしまう。フワフワした情報だけを頼りにしていると、結局、一貫性のある行動が取れなくなってしまうのです。

そんなときにも味方になってくれるのがスピリチュアルグッズです。道具として常にそばにあると、いつもやるべきことを忘れずに済みます。

「勉強の前には気持ちを落ち着かせましょう」という情報だけでは、うっかり忘れてむやみに問題を解くことから始めてしまいますが、そばに道具があるとそれがなくなるのです。道具があることで行動に移せます。

そして道具を使うことで行動をとり続けられ、それによって願望を叶えるための最適な状態が作れられていくのです。

スピリチュアルの通信販売を始めて18年

申し遅れましたが、私は広瀬学といいます。ここで少し自己紹介させてください。

私はスピリチュアルグッズの通信販売を始めて18年以上になります。世の中には数々のスピリチュアルグッズがありますが、その中から「これは！」と思うものを記事にして紹介し、販売しています。

そんな私のことをある方は「まるでスピドラですね！」とおっしゃいます。

「スピドラ⁉」

言われたときは一瞬何のことかわからなかったのですが、その方曰く、スピドラとは「スピリチュアルグッズ専門のドラえもん」だそうで、略して「スピドラ」。次々とオススメのスピリチュアルグッズをお客様に差し出す私の姿が、ポケットから秘密の道具を取り出すドラえもんの姿に重なったそうです。

ドラえもんは、数ある秘密道具の中からのび太の困った状況にぴったりなモノを差し出しますが、たしかに私もそれに近いことをやっています。

先日も常連のお客さんから電話がかかってきて、「数日前にちょっと困ったことが起きて、それ以来、何となく気分もよくないし、体調もすぐれないので何かよいものを紹介してほしい」と相談されました。

その方の状況を詳しく聞いて、ある製品を勧めると「あー、それはすでに持っているなぁ」と彼。「では、〇〇〇は？」と別のものを提案すると、「それも持っている」と言います。「それなら」と3つ目の商品を紹介すると、「じゃあ、それをお願いするよ」と発送を頼まれました。このようなお客様とのやりとりが度々あるのです。

ところで、この仕事をしていると、私には神秘的な力や超能力などがあって、それゆえにスピリチュアルグッズの販売もしているのだろうと誤解されることがよくあります。

しかし実際は、私にはそのような力は一切ありません。スピリチュアル能力に関しては「ど素人」。

そんな私がスピリチュアルグッズの販売を始めたきっかけは、あるオーディオ雑誌の仕事でした。

オーディオアクセサリーメーカーで働いていた私は、いつのまにか、雑誌の編集長と知り合いになり、有限会社コスモヴィレッジという雑誌社に入社して、隔月で全国発売していたＡ＆Ｖヴィレッジというオーディオ雑誌の通販のページの編集を任されることになったのです。

当時はインターネットがまだ普及しておらず、通販といえば雑誌や新聞を通じての販売が主流でした。

隔月誌だったその雑誌の巻末約２０ページに、毎回１０種類以上の製品を紹介する記事を書くことになったのです。

その製品の中になぜか、スピリチュアルグッズを扱っていました。

かなり不思議です。オーディオ&ヴィジュアルの雑誌であるにもかかわらず、スピリチュアル製品を一部販売していたのです。

私はこのとき初めてスピリチュアルの世界に触れました。

この瞬間こそ、わたしにとっての運命の分かれ道だったのかもしれません。

良質なスピリチュアルグッズには「物語」がある

正直、初めは戸惑いました。わざわざお金を払ってスピリチュアル製品を買う人の気持ちがいまひとつわかりませんでした。しかし製品の記事を書くからには、その商品について調べなくてはなりません。

そして何百もの製品について細かく調べたり、開発者の方たちにお会いして話を聞くなどしているうちに、あることに気づいたのです。

良質なスピリチュアルグッズの背後には必ず「物語」がある、ということを。

「物語」といってもファンタジーではありません。

その製品が作られた背景や、開発者の思い、その製品が具体的にどんな人に役立つのかなどがひとつのストーリーとして見えてきました。

そんな製品に出会うと「ああ、この製品は世に出るべくして生まれたものなのだな」と思わずにはいられませんでした。

さらに製品の効果を示す科学的なデータや実験結果も多く目にしました。

不思議です。科学的には何も証明されていない、波動エネルギーを製品に転写すると、驚くような科学的データが記録されるのです。

一般企業が製品開発の過程でスピリチュアルな力を活用している例がいくつもあること

なども知ったのです。

不思議な世界の情報がどんどん私の元に入るようになり、私にはスピリチュアルの知識が増えていきました。これらを元に記事を書いているので、私は自分のことを**「不思議ジャーナリスト」**とも呼んでいます。

また、製品を買っていただいたお客様から「こんな効果があった！」「こんなふうに役立った」というような具体的な効果の報告と、感謝の言葉が続々届きました。

ならば、もっとお客様に役立つようなスピリチュアルグッズを探して、サイトで有益な情報を発していきたい。そして欲しい、使いたいという方のために売っていきたい。

そう思い、スピリチュアルグッズのネット通信販売を始めました。

現在ではスピリチュアルグッズだけで売り上げは年商１億円を超えます。

これだけ多くの方に買っていただけたのは、その製品のもつ質の良さがいちばんの理由だと思います。

しかし同時に、私自身が、超能力などの特別な力をもたず、かつ特定の超能力者に肩入れをしていないという、ある意味この世界では珍しい、客観的な立場で私が製品を選び、記事を書いていることも売上に貢献しているのでは、と自負しています。

そしてこれらのスピリチュアルグッズをもっと日常に役立ててほしい、そして願望実現、何かを成功させるためにもっと活用してほしい。そう思ってこの本を書きました。

スピリチュアルグッズというと「眉唾物」と敬遠する人も少なくありません。

しかし「眉唾物」とひと言で切り捨ててしまうにはもったいないほど、効果が出ているものもあります。企業の中には、スピリチュアルな力を利用することで何千万円、何億円という売上げを出しているところもあるのです。

さらにスピリチュアルの力に関する客観的なデータも数多くあります。スピリチュアルの力を信じるか信じないかは後で決めるとしても、スピリチュアルの力に関してまったく無知でいることは非常にもったいないと思うのです。

また、すでにスピリチュアルグッズをいくつか愛用している方でも、「このことを知っていればもっと効果は出るはずなのに、もっとうまく利用できるはずなのに」などと歯がゆく思うこともあります。

グッズを使うための基本的な知識が欠けているために、もったいない使い方をされている方も多いのです。

そこで本書では、いくつかのスピリチュアルグッズを紹介しつつ、それを願望実現や何かを成功させるためにどう活用していったらよいかを紹介していきます。

本書を読み終えた後に、「自分の目標を達成させるためにスピリチュアルの力を活用してみよう！」「スピリチュアルの力を借りて、ぜひ成功させよう！」といった何だかワクワクした気持ちがあなたに湧いてくることを願っています。

第1章　大企業の裏で大いに使われている波動の力

波動とは何か？

スピリチュアルの世界では必ずといっていいほど出てくるのが「波動」ですが、波動はその人の人生に大きな影響を与えているといえそうです。

波動の力を知っておくことは、何かを成功させるためにはぜひ知っておきたいところです。

そもそも波動とは何なのでしょうか？

よく言われるのは「それぞれの個体が発するバイブレーション」です。

この世にあるすべてのものは量子からできていますが、その量子一つひとつは固有の振動をもっていて、それが波動だというのです。私たち人間のからだも量子からできているので、それぞれに波動があります。「あの人は波動が高い」「この食品は波動が低い」などということがありますね。波動が高いというのは振動によって生まれる波形が細かいもの、逆に波動が低いというのは波形が粗いもの、というイメージのようです。

また、まったく同じ素材を使ったとしても寿司職人が握ったお寿司と機械で作られたお寿司とでは味が違いますが、これはそこに込められた「思い」が違うからであって、波動というのはこのような「思い」や「温かみ」のようなものも伝えるものではないかと私は思っています。

もっとハッキリと「波動とはこういうものです！」とお伝えしたいところですが、現在のところ波動を明確に説明する言葉がない、というのが私の実感です。よって私は波動を「未知のエネルギー」と呼んでいます。

ここで気を付けなければいけないことは、波動という言葉は、マスコミなどでは公には使用されません。

だから、裏の世界のテクノロジーだと思ってください。

このように、波動は誰もが納得のいく言葉で説明できない上に目に見えません。ゆえに波動という言葉を聞くだけで拒否反応を示す人が少なくないのでしょう。怪しい、胡散臭いなどと。

たしかに波動そのものは目には見えません。しかし別の形で、その存在を示す場合があるのです。

企業が利用する波動の力

たとえばある企業が販売しているスポーツ用品には、波動入りの製品とそうでない製品があるのですが、波動入りの製品の方が圧倒的に多く売れます。この企業とはテレビでコマーシャルも流している有名大手企業です。

このスポーツ用品は、百貨店などでも販売されている一般の人向けのものなので、「波動入り」などとはどこにも書かれていません。いってみれば何食わぬ顔で、他の製品と一緒に並んでいるのです。

ここが、波動というものが世間になじまない言葉だということを如実に表しています。

その企業が扱う製品のなかには、「波動入りのもの」と見た目・性能・価格がほぼ同じものもあり、同じように売られているのですが、なぜか波動入りの製品の方が多く売れてしまうのだそうです。

何故そのようなことが起こるのでしょうか？

あくまで推測でしか語れませんが、眼で見た瞬間に癒される？触れた瞬間に波動のぬくもりを感じる？

同じものでも、五感以外の第六感を感じ取るメーターが人間には備わっているからだと思っています。

しかし、一般的には、波動という言葉に良いイメージはありません。

逆説的に言えば、「この製品は波動入りです。」と書いてあったら、逆にお客様に気味が悪いと思われて売れないかもしれません……（笑）。

この製品を作っているユニバース工業株式会社という繊維メーカーで、５０年の歴史のある企業です。

日本では繊維メーカーは、どちらかというと、衰退産業ですが、製品技術と波動の力で売り上げを伸ばしている企業です。

社長の中村さんは、突然弊社に飛び込み営業に来ました。

「なんで弊社のような零細企業に飛び込み営業？」

と尋ねると

「波動レベルが高そうな会社だと直感したから」とおっしゃっていました。(笑)

今では弊社で中村さんの会社の製品を大々的に扱っています。しかし、大手企業と付き合っている手前もあり、ＨＰには、波動エネルギーを使用しているとは、一切公表していません。

だから、私がブログで中村さんのことを書くときは、「波動プロデューサーＸ氏」と呼んでいます。

波動という言葉は、それだけ企業イメージを悪くしてしまう言葉なのでしょう。

本当の真実は裏側にあるのです。

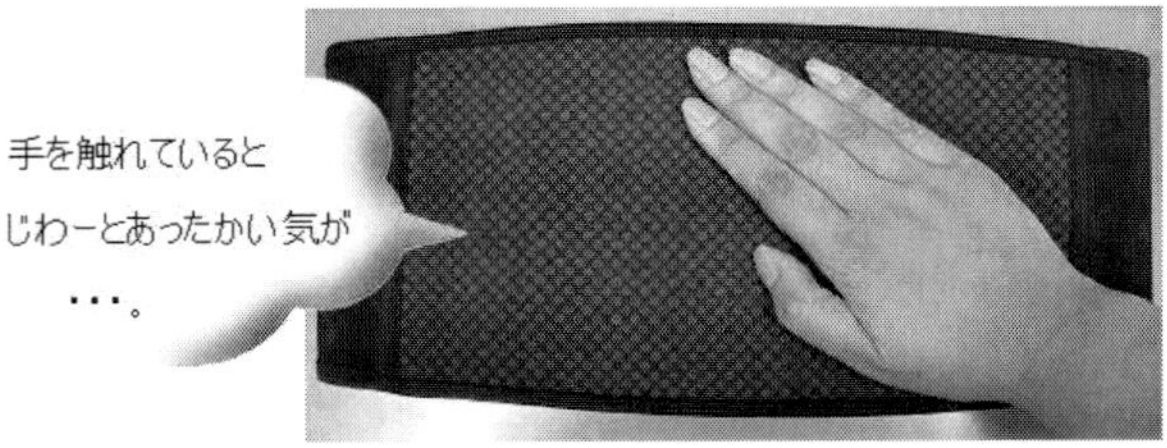

何となく妊婦帯や着物の帯止めのような形状

男女兼用でお使いいただけます

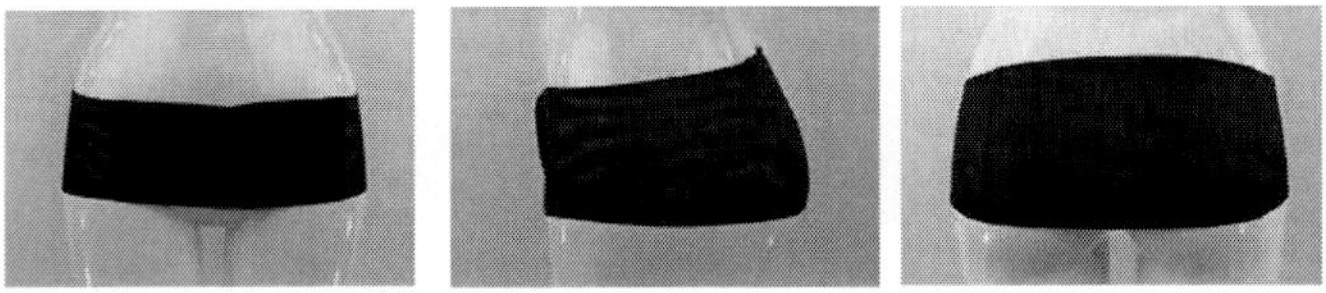

弊社の通販サイトでは、その製品について堂々と「波動入り」と謳っていますが、楽天やａｍａｚｏｎなどで売る場合はもちろん波動には触れていません。

中村さんは、商品を卸しているこの有名企業の担当者には「これは波動入りです」とハッキリと伝えているそうです。

でないと売上げの違いを説明できない。

たとえば百貨店などで期間限定の特別販売をおこなうと、波動入りとそうでない商品との売れ行きの違いに明らかな差が出るそうで、波動入りの方がどんどん売れていくのだそうです。

また、中村さんは別の企業にも波動入りのオリジナル商品を卸していて、その企業からも何度も追加注文が入り、累計で２０万個以上は売れているといいます。

ではその波動はどうやって入れているのかといえば、中村さんが自らの手で波動を特別な方法で商品に入れ込んでいるのだそうです。

波動は世の中のあらゆるものから生じていますが、波動そのものは一日くらい経つと消えてしまいます。

つまり良い波動の力を利用するには、波動がしっかり入っていて抜けないものを使うことが重要なのです。

中村さんなど特別な方が水などに波動を入れると、１０年前の波動がそのまま残っていて１０年前の水なのにまったく腐っても、濁ってもいない、という現象も起きます。

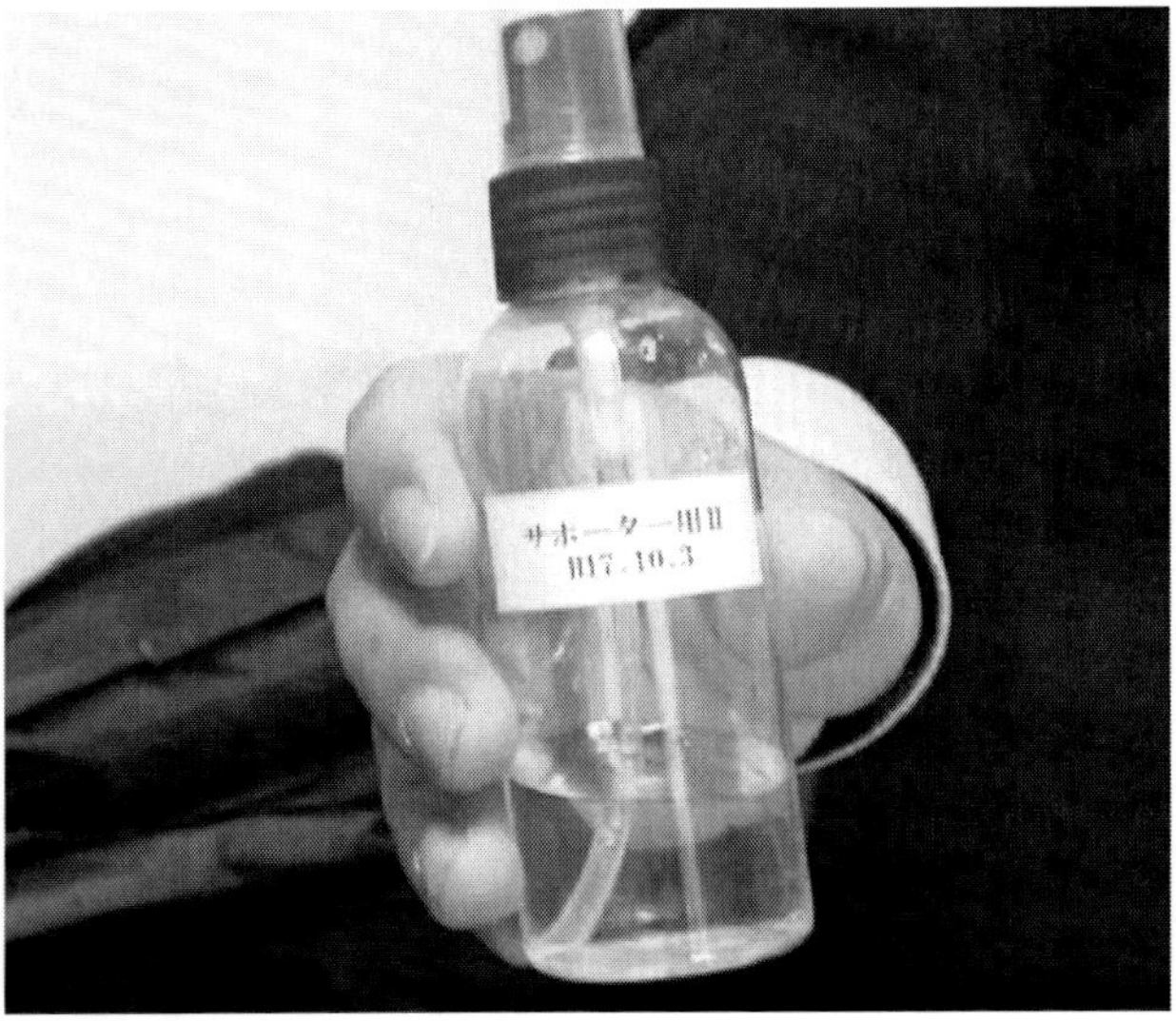

ちなみに中村さんの会社では、ベルト付き骨盤サポーターという健康器具も製造しています。

一般には公開していませんが、こちらも波動入り。中村さんはこの製品の質についての客観的データを取るべく、青森県の公立大学に検証を依頼しました（検証の際に波動入りであることは触れずに、別の特別な加工をしていると先方には説明したそうです）。

その結果、製品は同じものであるにもかかわらず波動入りのものの方がそうでないものに比べて、「鎮痛に対して有用である」「交感神経の緊張を抑えている可能性がある」ことを示すデータが出たのです。

このように、波動そのものは目に見えないものですが、波動を入れた製品の売上げや質にその存在を示す数値がハッキリと現れるのです。

真正面から波動研究に取り組む企業

いまはまだ、一般の企業が堂々と「波動」を口にすることは、その企業や商品のイメージダウンにつながることが少なくないでしょう。よって実際は波動の力を生かしつつも、そのことを公にしない企業がほとんどです。

そんななか、真正面から波動研究に取り組んでいることで有名なのが、コーヒークリーム「スジャータ」で有名な「めいらくグループ」です。「めいらくグループ」では、波動医科学研究所という施設があり所員も常駐。ここには波動測定器があり、数多くの客観的データが出されています。

また、正式に発表されているわけではありませんが、波動について調べてみると、波動の高い素材を積極的に取り入れている企業や、自社で扱う製品をより波動の高いものにしようと研究している企業などが意外に多くあるのです。

特殊波動（PTB加工）開発者（S氏）について

企業で化学製品の開発・研究をしている人物。

開発だけではなく、マーケティング営業も1人で行い、S氏が開発した製品は、年間数億円の売り上げとなっています。

特殊波動（PTB加工）をしているとは、特殊な機械で製品を加工すると、現代科学では解明できないような摩訶不思議な実験データが出る装置です。

オプティマルライフ株式会社　代表取締役　広瀬学とは２０年以上の付きあいがあり弊社だけが、一般消費者向けのＰＴＢ加工製品をとりあつかっています。

ＰＴＢ加工発明者（Ｓ氏）は産業向けにはＰＴＢ加工という、特殊な技術の説明は一切していません。

なぜならば、説明しても理解されないような内容だからです。

アニメ妖怪ウォッチにたとえるならば

その原因はいったいなんなんだ……。

「妖怪のせいです。」という内容に近いからですね。

しかし、「年間数億円以上の売上げていること。結果的には明らかな科学的データがある。」という事実があります。

ＰＴＢ加工製品を取り扱うにあたり、開発者Ｓ氏から出された条件は、

１　開発者が所属する会社の名前は絶対に公開しないこと。

２　開発者自身のプロフィールも絶対に公開しないこと。

３　どんな機械を使って処理しているのか絶対に公開しないこと。

１２年以上、オプティマルライフ株式会社・広瀬学はこの条件をかたくなに守っています。

Ｓ氏が作った「波動の力で電圧が回復！」

波動の力を示す客観的なデータは他にも多くあります。

Ｓ氏は独自に商品の実験を行い、波動の力を数値で示しています。

たとえば、その実験のひとつは、「波動の力で電池の電圧を回復させることはできる

か？」を試してみるというもの。

実験に使われたのはＳ氏が開発した「ｆｒ加工」という技術で、これには波動エネルギーを最大限に発揮させることができるのです。

ｆｒ加工とは還元発酵エネルギーを略したものです。中身は秘密です。（液体、固体、気体、）さえも言うことができません。ただ、ｆｒ加工された物質は、強烈な還元作用があります

Ｓ氏は、産業用途でこの技術を使っています。

強烈な還元作用があるということは、ものがほとんど腐らないということです。野菜や魚などの鮮度保持に利用ができます。冷蔵庫がなくても鮮度保持ができる。しかも、常温で鮮度を保持できます。

ひょっとすると、将来は遠洋漁業で捕獲されたマグロを解凍せずに、港に届けることが

できる装置が完成するかもしれません。

このとても人の役に立つ技術に、波動テクノロジーが使われているのです。

S氏は、その事象を証明するために使い古された乾電池を使いました。

そして、ｆｒ加工されたエナジーオクタゴンという製品は、極めて高い波動が入っていて、使い古された電池の電圧を復活させることに成功しました。

実験では、まずは単3のリチウム充電式乾電池2本をLEDライトに使って消耗させます。

その後、一旦、電池をLEDライトから取りはずし、回復時間を設けます。2本の電池のうち一本は何もしない状態で置き、もう一本は凹部分のマイナス部分と凸部分のプラス部分にそれぞれ「エナジーオクタゴン（菊）」という商品を当てておきます。

そして回復時間を経て、再びＬＥＤライトに電池を装着し消耗させます。この消耗と回復とを何度も繰り返し、その過程における電池の電圧データをとっていきます。

結果は、ＬＥＤライト点灯１２０分以降はずっと、回復時間に「エナジーオクタゴン(菊)」を当てていた電池の電圧の方が高くなるというデータが出たのです。

とくに電池の容量が減った限界間近では、電圧回復に明らかな差が継続されました。

ここでもまた、波動の力が数値という目に見える形で示されたのです。

このように見てくると、波動には何らかの力があると思えないでしょうか。

その力とはどのようなもので、どうしてそのような力が発揮されるのかという科学的な解明はまだなされていません。しかし「何らかの力があること」は、このように結果として数値で出ているのです。

回復時間の状態

比較　　　fr金属

同じLEDライトで消耗させる

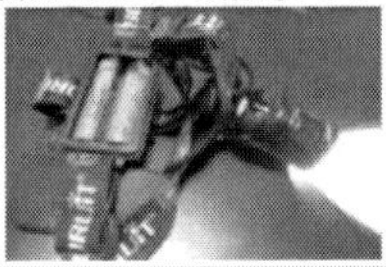

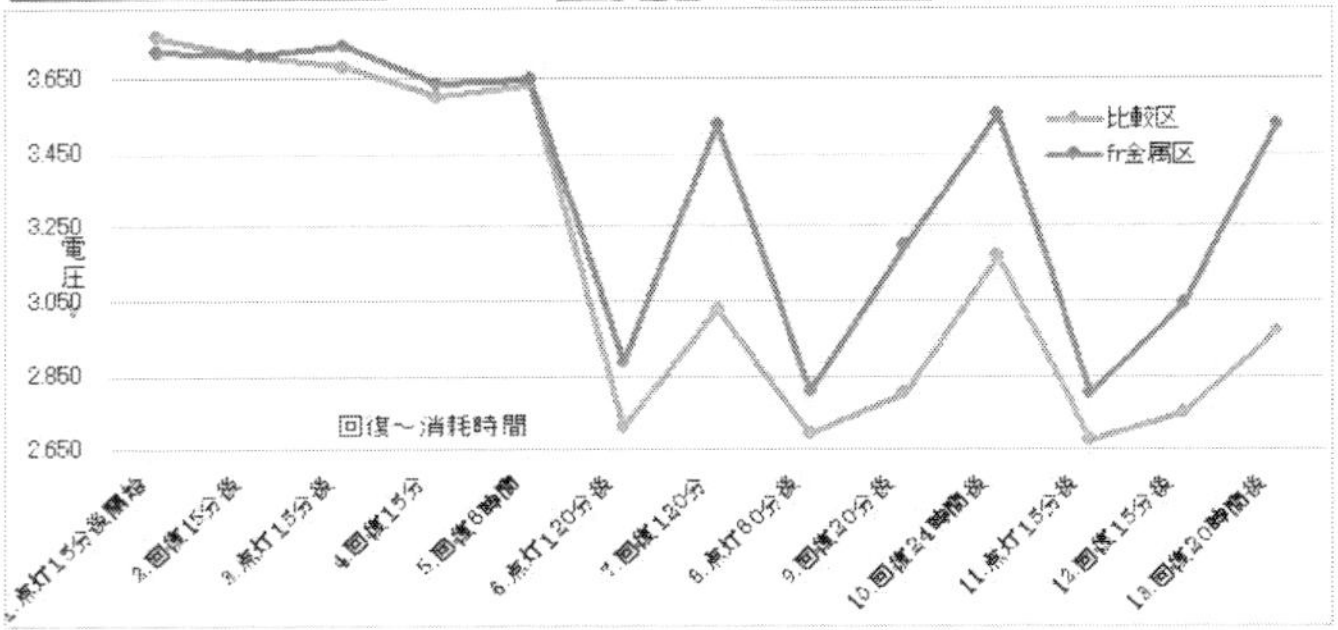

10.回復24時間後

比較電池

10～11間
点灯時

15分後
消耗が早く限界

fr金属・電池

11.点灯15分後　12.回復15分後　13.回復20時間後

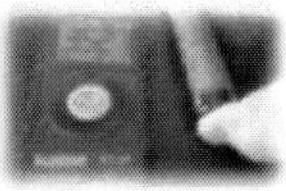

回復～消耗	比較	fr金属
新品満タン	3.900	3.900
1.点灯15分後開始	3.759	3.718
2.回復15分後	3.711	3.711
3.点灯15分後	3.681	3.735
4.回復15分	3.602	3.635
5.回復6時間	3.631	3.648
6.点灯120分後	2.707	2.886
7.回復120分	3.027	3.528
8.点灯60分後	2.690	2.805
9.回復20分後	2.802	3.194
10.回復24時間後	3.168	3.554
11.点灯15分後	2.674	2.800
12.回復15分後	2.748	3.040
13.回復20時間後	2.971	3.527

＜考察＞
初回、電圧の低い不利な電池を選択したが
「5. 回復6時間後」で電圧が追越された為
『効果なし』判定を下したが、点灯したまま
忘れていたので「6. 点灯120分後」測定し
変化が認められたので継続。

電池の容量が減って限界間近では、電圧回復
に明らかな差が継続された。

同じライトでこの電圧差の電池を使用できない
ので中止した。

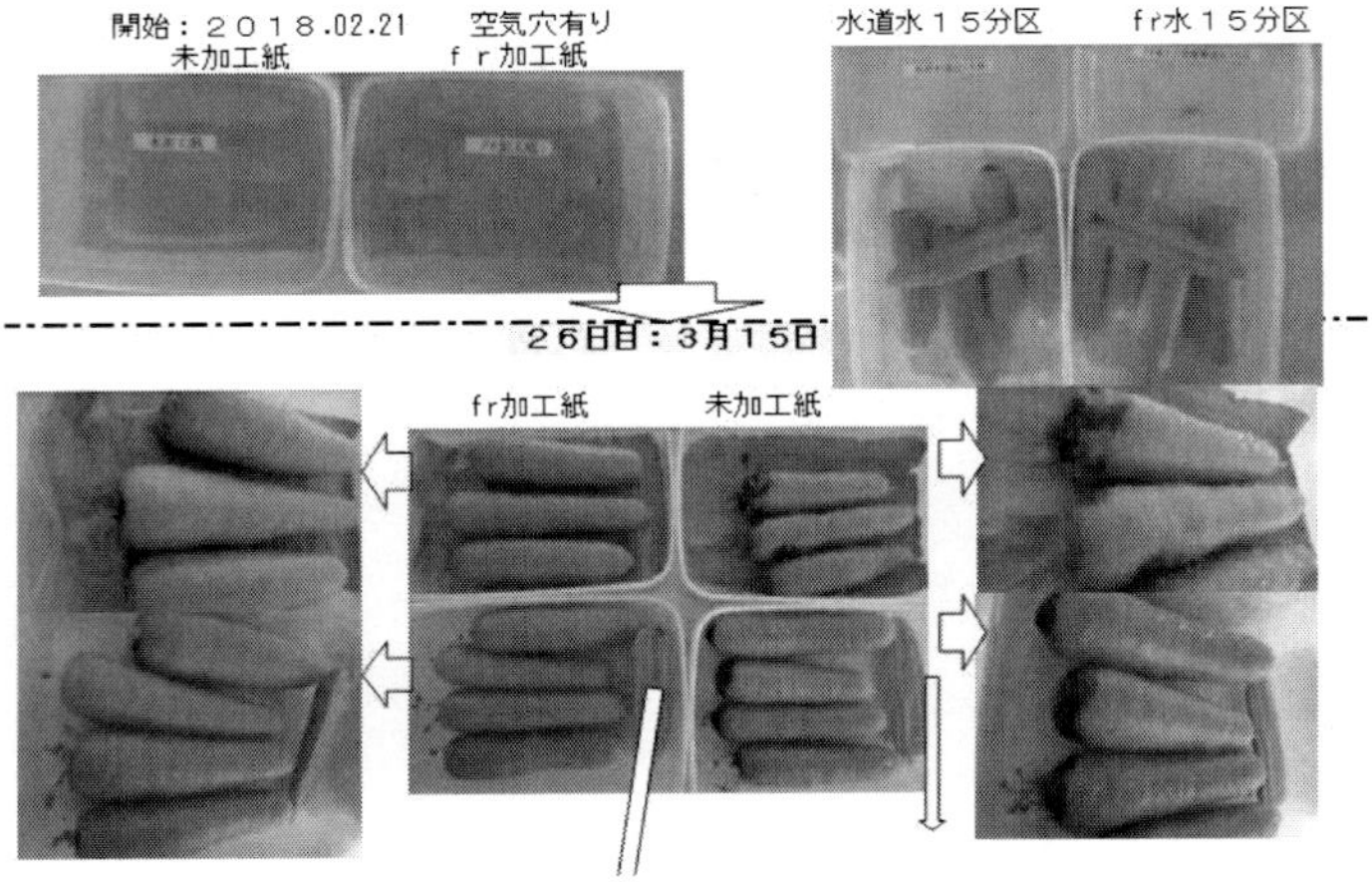

紙にｆｒ加工をして人参の鮮度保持実験

世の中の人がほとんど知らない波動コントロールという真実

植物の成長には波動の向きが関係します。

S氏は以前から、波動コントロールという技術を使っています。

これには、波動の強弱や向きを自在に操りながら物事のエネルギーを変化させるものです。

今回は、

・下向きの波動
・上向きの波動

がテーマです。

その波動が実際に存在することを植物の育成実験によって証明しました。

〈補足説明〉

鉱石Aはよく農業用肥料などに入っているものです。

細かく調べてみると、物性は全く同じものでも、下向きの波動の鉱石を土に入れると、植物は根の方向に成長するとのことです。

鉱石Bは鉱石Aとは反対で、上向きの波動の鉱石を土に入れると、植物は発芽や成長が早くなります。

広瀬：鉱石ってどんなもの？

S氏：貝化石肥料とばれるもの、「貝化石、貝石灰、ミネラル」などが入っている畑にまくかまかないで、植物の成長は変わってくるのだけれど、どの向きに成長するかは、その素材の持つ波動によって決まる。

広瀬：
ということは、物質の特性に問題があるのではなく、物質の持つ波動のエネルギーが植物の成長に大きくかかわっているということ。

S氏：

そう……これは多くの人が気付いていない真実。

私は、上向きの波動エネルギーを持った物質を下向きのエネルギーに変化させることができる。

そうやって実験をすると、植物の成長は根と茎や葉が真逆に成長する。

同じ物質でも波動の方向性を変えることはできる。

広瀬：
やばい……まさに私という１人の人間が二重人格になるようなものですね……（笑）。

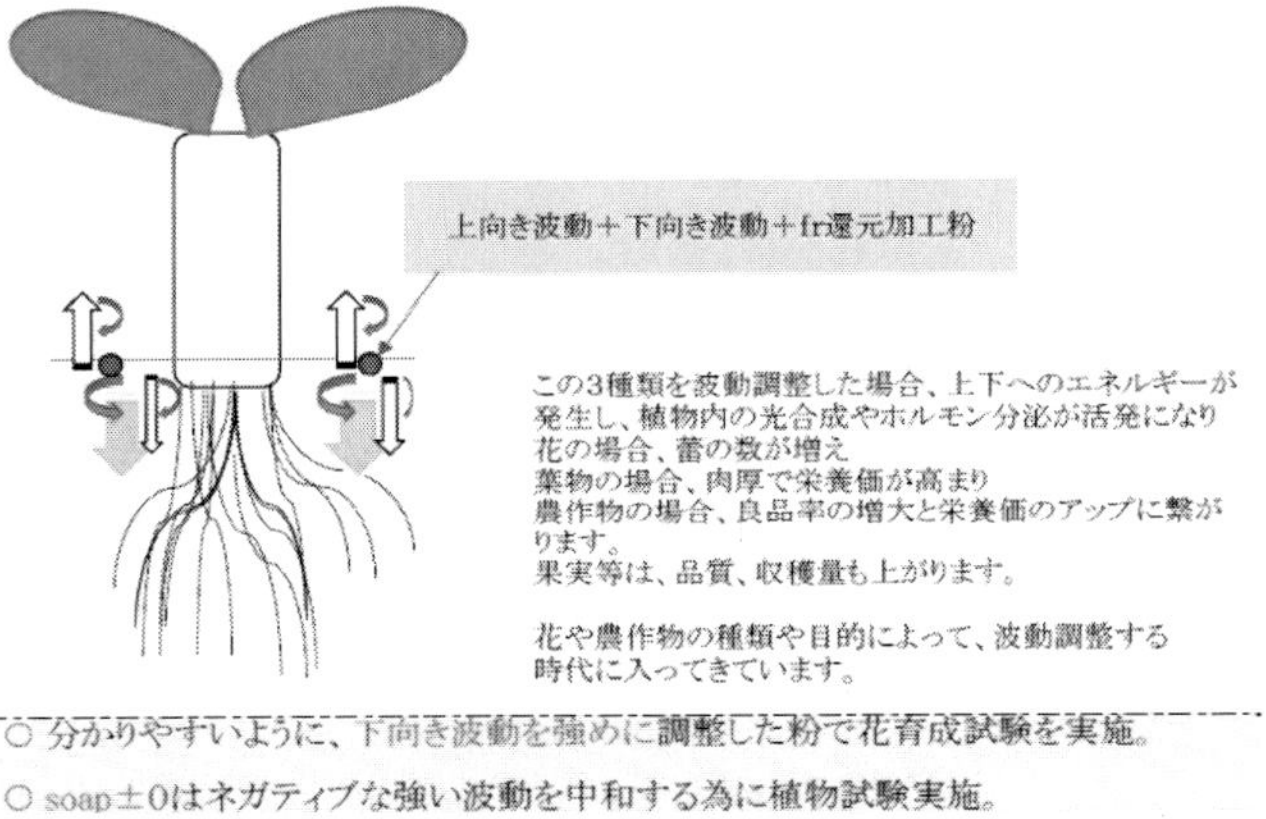
上向き波動＋下向き波動＋fr還元加工粉
この3種類を波動調整した場合、上下へのエネルギーが発生し、植物内の光合成やホルモン分泌が活発になり
花の場合、蕾の数が増え
葉物の場合、肉厚で栄養価が高まり
農作物の場合、良品率の増大と栄養価のアップに繋がります。
果実等は、品質、収穫量も上がります。
花や農作物の種類や目的によって、波動調整する時代に入ってきています。
○ 分かりやすいように、下向き波動を強めに調整した粉で花育成試験を実施。
○ soap±0はネガティブな強い波動を中和する為に植物試験実施。

S氏：

たとえば、珪素はとても重要なものだが、珪素にも上向き波動と下向き波動がある。

この話は、絶対に教科書には載っていないが、研究すれば研究するほどその真実はあきらかになってきている。

というわけで上の図をご覧ください。

この図を見せられた時、

「S氏は日本の農業に革命を起こせる人物だ！」

と思いました。

SOAP＋－0は、ネガティブな波動を中和する能力が高いらしく植物が生き生きと成長するようです。

開始日：2018年７月８日

soap±０：１滴区

比較区

２日後

soap± １滴区

比較区5日間後

5日後

葉の艶や光沢が綺麗になった。

花も次々と咲いた。＊別苗で再試験あり。

〈使い方〉

５００ｍｌ容器に水道水を入れて soap０＋－０を１滴混ぜます。

それを鉢や花壇の土に直接撒きます。足りない水分は水を足して下さい。

次は国立競技場でも採用されているティフトンのお話。
ここにも波動コントロールの技術が使われています。

日

波動技術を使う植物実験。

今から４年前の画像。

２０１４年４月１１日撮影＝花咲いている。

（７ヶ月＋２２日）

以前波動コントロールの時に使用した花の写真。

一切水をやらず、暗い倉庫内に放置。

S氏の仕事場や自宅はイヤシロチ？（笑）

立ち枯れ状態。しかし、下から新しい命が！

ｓｏａｐ・０＋－０　アンモニア測定

Ｓ氏がモニターＮさんの体質改善の相談を受けました。

ぶっちゃけて言うと「フケとワキガと薄毛の悩みですね」。

はっきり言って全部治そうと思ったら数百万以上かかりますね……（笑）。

Ｓ氏は「ｓｏａｐ・０＋－０と２２世紀の美入浴液」を使ってＮさんにアドバイスし、おもしろい実験結果を残しました。

私もこのデータを見たとき、

「〇〇クリニックでも行って手術したんじゃないか」

と思うほどでした（笑）。

アンモニア測定器で脇下を測定……マニアックすぎる。

ここまでやるからＳ氏は尊敬できるのです。

〈モニターＮさんからの依頼〉

Ａ　脇汗臭が気になるからなんとかしたい
Ｂ　頭皮の臭い、フケ、炎症をなんとかしたい

【試験方法】アンモニア測定器で脇下を測定

・月曜日～金曜日の朝一、入浴前、入浴後を測定
・ｓｏａｐ・０＋－０と２２世紀の美・入浴液をモニター提供
・先に１０日間使用してもらい、その後、月曜日～金曜日に再度測定

【使用方法】

・ｓｏａｐ・０＋－０で全身をいつもと同じように洗ってもらう

・風呂を溜める場合：22世紀の美・入浴液をキャップ5杯入れて入浴し風呂上りに頭皮と脇下中心に全身に浴びて上がる

・シャワーの場合、風呂上りに洗面器にキャップ3～5杯入れて、頭皮、脇下中心に全身に浴びてから上がってもらう

・朝一測定後に、入浴液を約10倍希釈したスプレーで脇、頭皮にスプレーして出社する

＊希釈スプレーは冷蔵庫に保管して約5日で使い切ること

＊デオドラントや制汗剤は使わない

A.脇下汗臭（酸っぱい感じとツンとくる臭い）の抑制試験

B.頭皮の炎症、フケ、臭いの抑制試験

【近畿地区在住モニターNさん】　A.脇汗臭が気になるからなんとかしたい。
B.頭皮の臭い、フケ、炎症をなんとかしたい

【仕事内容】企画と営業兼務

【試験方法】アンモニア測定器で脇下を測定。
・月曜日～金曜日の朝一、入浴前、入浴後を測定
・soap±０と美・入浴液をモニター提供
・**先に１０日間使用してもらい**、その後、月曜日～金曜日に再度測定。

【使用方法】
・soap±０で全身をいつもと同じように洗ってもらう。
・**風呂を溜める場合**：美・入浴液をキャップ５杯入れて入浴し
　風呂上りに頭皮と脇下中心に全身に浴びて上がる。
・**シャワーの場合**、風呂上りに洗面器にキャップ３～５杯入れて、頭皮、脇下中心に全身に浴びてから上がってもらう。
・朝一測定後に、入浴液を約１０倍希釈したスプレーで脇、頭皮にスプレーして
　出社する。

＊希釈スプレーは冷蔵庫に保管して約５日で使い切ること
＊デオドラントや制汗剤は使わない。

脇下汗臭（アンモニア）

	朝一（従来）	朝一（使用後）	入浴前（従来）	入浴前（使用後）	入浴後（従来）	入浴後使用後
月曜日	15	5	48	15	0	0
火曜日	18	0	77	27	0	0
水曜日	29	0	51	7	0	0
木曜日	7	0	67	22	0	0
金曜日	18	0	62	7	0	0

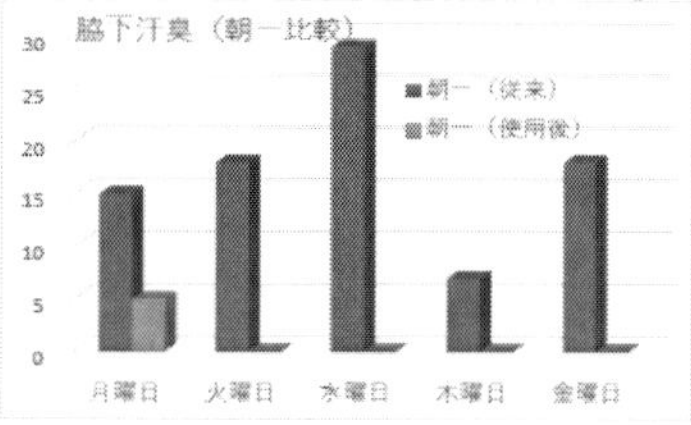

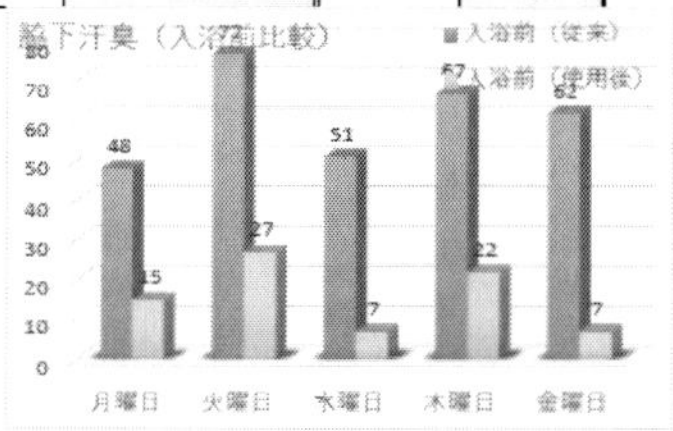

一番のポイントは皮膚常在菌をコントロールできるかということ……新入浴液はさらにその効果が高まりました。

22世紀の美入浴液は皮膚常在菌をコントロールする魔法の液体。

ｓｏａｐ・０＋－０は皮脂の過剰分泌を抑える魔法の液体。

〈ワキガ原因〉

腋臭臭の発生の原因は腋窩部のアポクリン腺から分泌される汗が原因であるが、アポクリン腺の分泌物自体は無臭である。しかし、その汗が皮膚上に分泌されると皮脂腺から分泌された脂肪分やエクリン腺から分泌された汗と混ざり、それが皮膚や脇毛の常在細菌により分解され、腋臭臭を発する物質が生成される。

菌が共棲していると1／10に縮小して見分けが付かなくなるらしい

・菌は共棲すると１／１０に縮小する
・菌が共棲すると同じような形になり顕微鏡では判別できなくなる

この情報のネタもとは、２２世紀の美・入浴液の開発者Ｓ氏からのものです。

２２世紀の美・入浴液は４種類の乳酸菌を入れて、乳酸菌を複合共棲培養した液体です。

乳酸菌にはさまざまな種類があるのですが、その４種類の乳酸菌は秘密にしています。何故なら、特許は取得していないからです。

菌が共棲しているかどうかを判別するのはコロニーの状態を見るのが一番分かるとのこと。

「でも顕微鏡で見て判断できないのであれば、どうやって確認するの？」

と訪ねると、

「もう一度液体を取り出し、純粋培養させると、菌が大きくなり勝手バラバラに動き出すからすぐ分かるよ」

と言うお話でした。

「でも何故、菌が共棲すると大きさが変化して、見分けが付かないような状態になるのかな？」

と質問すると
「微生物は人智では計り知れない何かがある。科学はまだ微生物の組織構造にかんして、ほんのさわりの部分しかわかっていない」

ということでした。

共棲培養を行うには、善玉菌同士ならどんな組み合わせでも良いわけではありません。

違う種類を一緒に育てようとしても、強いやつと弱いやつがいて時間とともに弱いやつの姿が突然消えてしまったりしてうまく育たない場合もあります。

数ある菌の内、相性が良くて生育もよい組み合わせを探す必要があります。

しかし、純粋培養のように勝手バラバラに育つのではなく、お互いに手を取り助け合いので

そこに強烈なパワーと有益な副産物を生み出してくれるのです。

人間も多くの人が手を取り合って協力するととんでもないパワーを生み出すことがありますがそれと同じかもしれません。

絆ですね。

ちょっとここで衝撃的なお話をします。

最近ちまたでは、「乳酸菌が重要である」とさかんに言われていますが、開発者Ｓ氏は、

「乳酸菌なんかどうでもいい！

大した問題ではない！」

といつも口にしています。

つまり、２２世紀の美・入浴液が特殊である理由は、４種類の乳酸菌とマコモ菌が共棲している状態で、乳酸菌生産物質と酵素がたっぷり入った状態だから、これ以上は秘密(笑)。

「マコモ菌は世間ではまだよく分かっていない菌」と言われていますが、開発者ははっきりと、その菌の名前を私には教えてくれました。

開発者Ｓ氏は、

「２２世紀の美・入浴液は科学的に作られていることは間違いないが、だからといって、今の科学でも解明できないパワーがある！」

だから、２２世紀になっても光り輝き続ける液体ではないかと、私は思っています。

２２世紀の美入浴液は、乳酸菌生産物質サプリメントやヨーグルト、乳酸菌飲料とは全く異なった液体なのです。

〈乳酸菌生産物質サプリメント〉

菌が共棲してできた乳酸菌生産物質を殺菌して、菌が存在しない状態のもの。

これがほとんどです。

・ヨーグルト、乳酸菌飲料

菌を純粋培養して発酵させた食品。乳酸菌はたっぷり入っているが菌は共棲していない。

・２２世紀の美・入浴液

４種類の乳酸菌とマコモ菌が共棲している状態で、乳酸菌生産物質と酵素がたっぷり入った液体。

菌が共棲している液体が直接人体に触れたらどういうことが起こるか？
それは、購入していただいたお客様が一番実感されているはずです。

ヨーグルトなどに代表される乳酸菌純粋培養！

乳酸菌純粋培養(4種類混合)

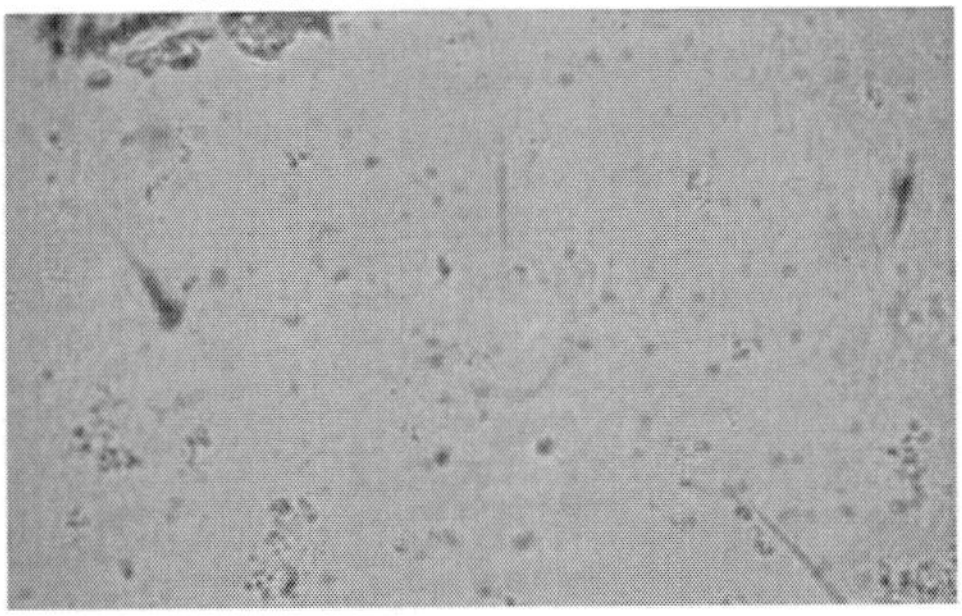

複数の種類の乳酸菌に栄養分(牛乳等)与え、保温すればできる(ヨーグルト等)

乳酸菌共棲培養 とても難しい技術！

乳酸菌複合的培養(4種類混合)

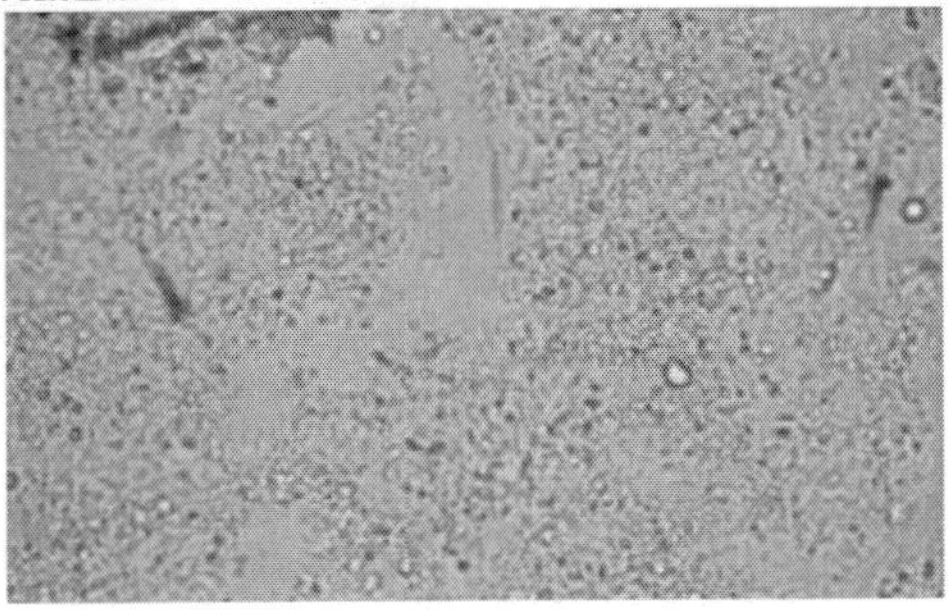

4種類の乳酸菌がフロック(コロニー集合体)を形成し共棲している。
＊上のように、単菌でバラバラの状態ではない。

エナジーバタフライという波動製品

徹底的な科学的な思考と未知なるエネルギーが融合すると奇跡的なことが起こります。

〈開発経緯〉

Ｓ氏‥世の中の人がアッと驚くような新製品の構想が頭に浮かび上がったよ。試作品もできた。

広瀬‥何それ？

Ｓ氏‥世間一般からすると完全にオカルト製品かも……（笑）。

広瀬：
問題なし（笑）。凄く興味アル……。

S氏：
全ての物質には流れと方向性がある。
流れや方向性を自在にコントロールできる製品。

広瀬：
よく分からない……イメージがわかない。

S氏：
例えば、シャワーから出るお湯は、各家庭によってエネルギーの流れが違うんだよ。
不規則だったり……正確だったり。
例えば、出張に行ってシャワーを浴びたときホテルのシャワーに違和感をじたことはない？

……とても気持ちよいとか。
……あまり気持ちよくないとか。

広瀬：うーむ、確かに……。

Ｓ氏：それは自宅のシャワーとホテルではエネルギーの流れ方が違うからなんだ。

広瀬：じゃあ今度の新製品はエネルギーの流れを変えるもの？

Ｓ氏：エネルギー流れを整えて、さらに良質なエネルギーを水に与える。
そのために、マグネットを使用する。ちょっと一個送るから試してみない？

広瀬：
わかったシャワーにつければいいんだね。

S氏：
結束バンドも付けるからそのバンドでシャワーホース固定して。

広瀬：

やってみた。

すげー。

水の味が変わる……甘くなる感じ。

奥さんにも試してもらったけど髪がサラサラになるって。

俺も実は白髪染め使ったら皮膚がかぶれてシャワーすると頭皮が痛かったんだけど、これは沁みない。

ちょっと革命的かも。

Ｓ氏：
そうでしょう。うちの嫁も自分を使ってみてビックリした様子。
シャワー１５分浴びただけで肌がスベスベ。
この商品は、流れているところ全てに使える。
水道、電気、ガス、空気。

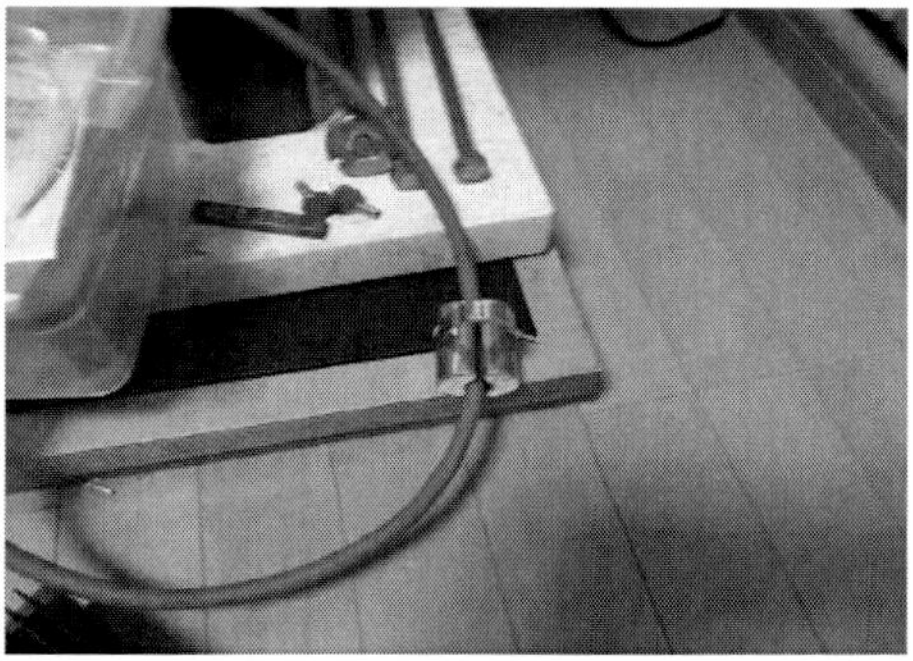

広瀬：
オーディオでも音がよくなるか試してみた。スピーカーケーブルに使ってみたけどすごい音の変化。

Ｓ氏：
そっちは専門じゃないけど、
自動車にいろいろ使ったら変化があったよ……。

広瀬：

これはとてもよいと思います。

S氏：
了解！　でも作るのがすごく面倒で手間がかかるから……少しずつね。

エナジーバタフライの怪奇現象

驚きその１

エナジーバタフライを近くに置いた塩の結晶は、全ての結晶１００％が６面体さいころ型にピラミッドが入っていた。

塩の結晶の基本の形はサイコロ状（正六面体）ですが、中にピラミッド構造になっているのは聞いたことがない。

トレミー型（逆ピラミッド形）とも違う。

驚きその２

エナジーバタフライを置いてある塩の溶解度１００％の液体は結晶になるまでの時間が早く蒸発も早い。

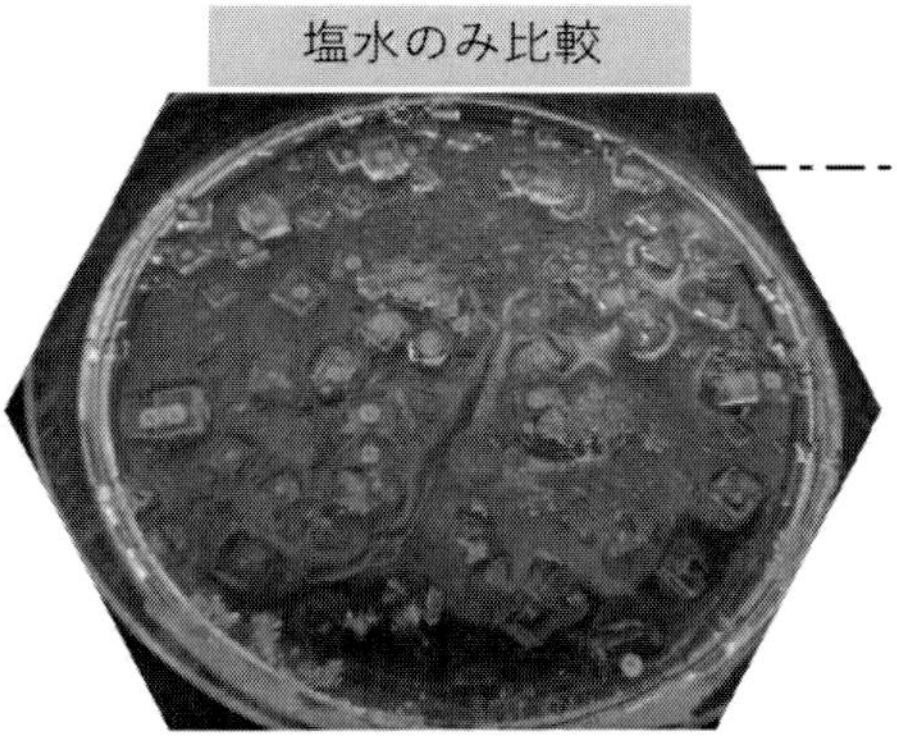

同じ時間でも蒸発が遅い

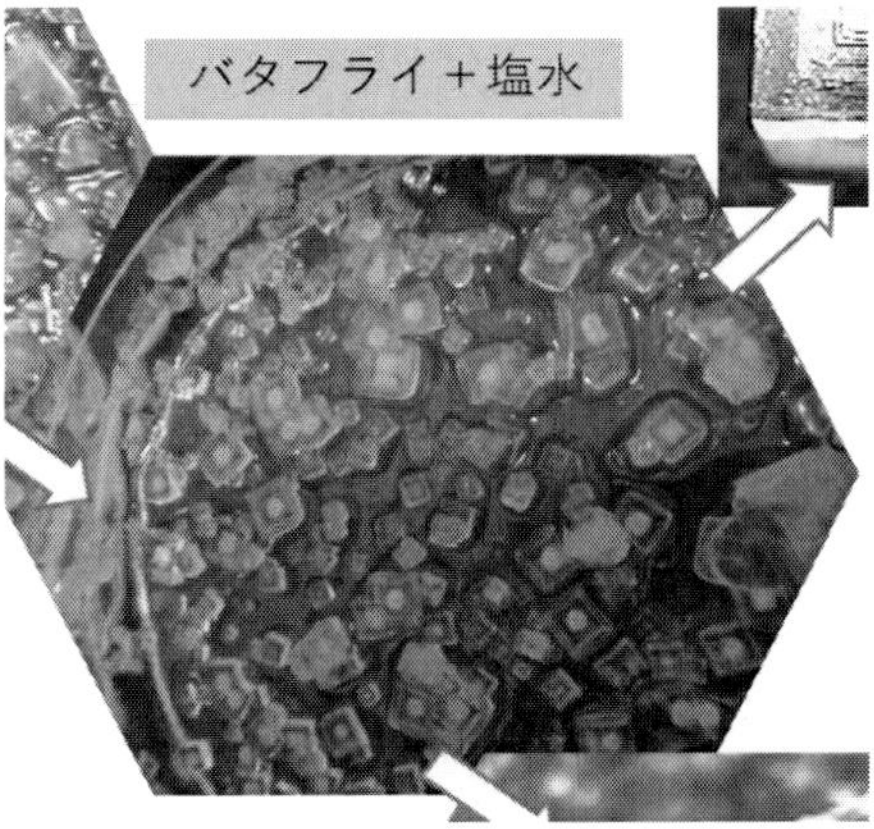

蒸発が早く結晶化が早い

解明不能の物理現象
驚きその3
青い光を照らすと内部が金色に光る。

S氏は3日3晩考えたそうですが、まったく理屈がわからないらしく、知恵熱が出そうだといっていました。

エナジーバタフライは塩の結晶構造に変化を与える

エナジーバタフライから発せられる、強力なエネルギーは塩の結晶構造に変化を与え「近くに置くか、距離を離すか」により与える影響に差ができることが実験により証明されました。

基本的に塩の結晶はサイコロ状（正六面体）ですが、成長する時の環境や、条件の違いによって、さまざまな形の結晶ができます。

さまざまな条件とは、気温、湿度、成分、風通し、光の当たり方などと言われています。しかし、今回の実験結果は、今までの科学の常識を覆す物でした。

エネジーバタフライを近くに置いたときの結晶構造

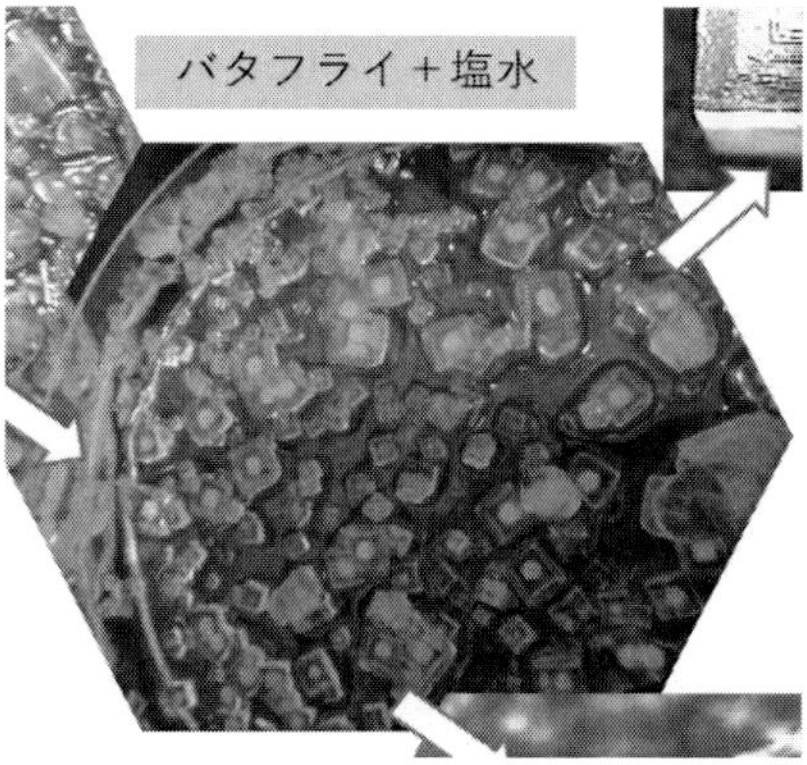

正六面体の内部ピラミッド構造　１００％

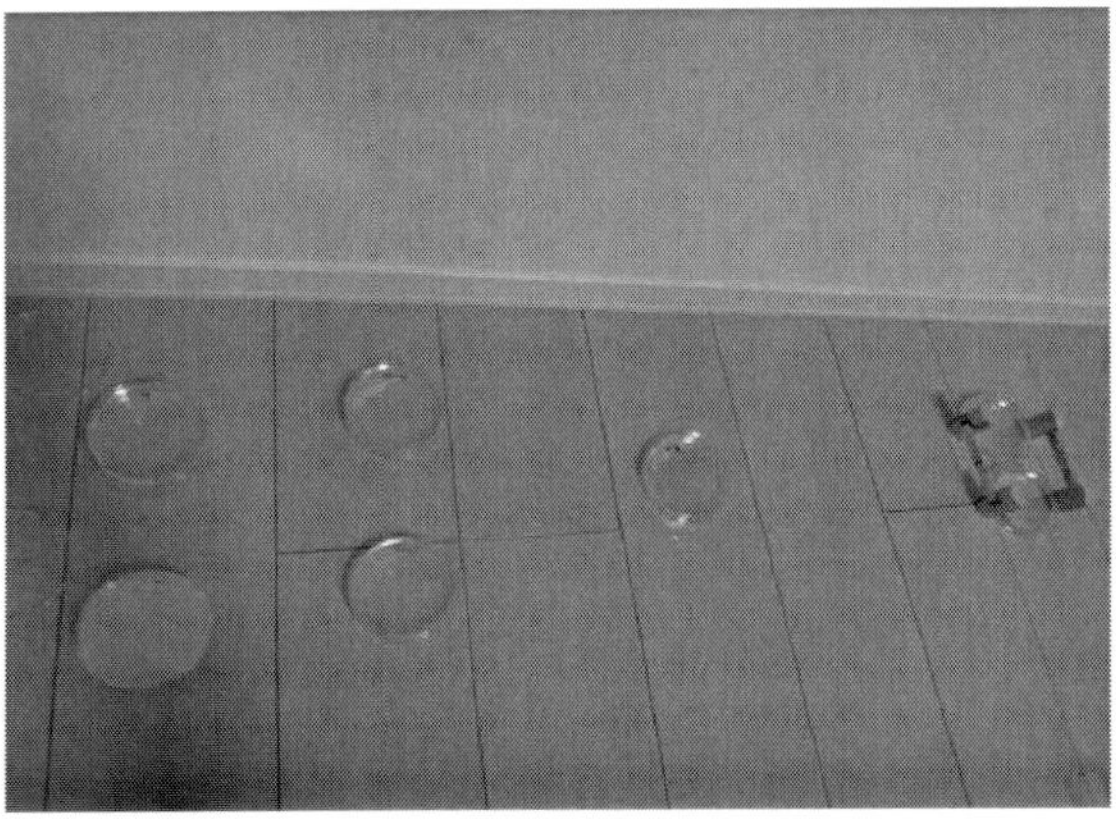

エネジーバタフライを少し遠くに置いたときの結晶構造（同じ部屋）

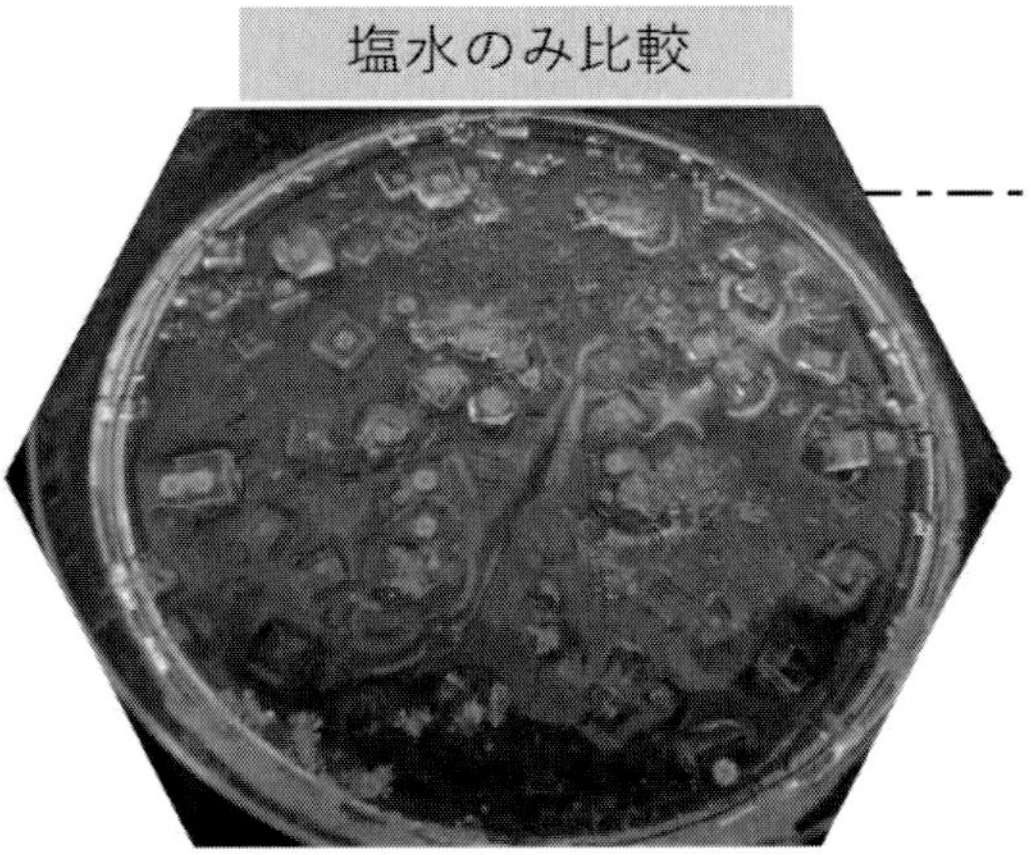

正六面体の内部ピラミッド構造　５０％

この次が驚きの結果でした。

エナジーバタフライを別の場所に置いたときの結晶構造

正六面体の内部ピラミッド構造　０％

この３つの結晶の違いは、明らかにエナジーバタフライから発せられるエネルギーによる作用だと思われます。

特に２番目の５０％というところがミソですね。

少し距離を置いているので、少し影響したということなのでしょう！

〈S氏からのメール〉

あの実験は、未使用部屋で常に雨戸を閉めている部屋の近くに並べて、あらゆる条件で比較しました。

なぜなら、比較試験として最低限の研究実験方法だから。

念のため、別の場所（玄関下）に「同じ容器の飽和塩水」を置いていたら、全く違う結晶ができた。

＊添付は全て玄関下（別部屋）の結晶写真

ネットで沢山ある「塩の結晶実験」であるような結晶だった。

ごく当たり前の、六面体（サイコロ状）結晶で、中にピラミッド状の物ができたものもあるが、中途半端で整然としていない。

結晶も小さく沈みやすい。

この実験で分かったことは、研究者の結晶試験等々が公表されているが、温度、湿度、成分だけでの比較では、結晶変化させられないことが立証されたといえる。

人や空間によって結晶が変わるなんてことも不思議ではない結果となった。

科学的ではないけど。

その後の電話やりとり

広瀬‥
これでエナジーバタフライから出ているエネルギーが塩の結晶構造に変化を与えることが証明できたね。

S氏‥
ほぼ間違いない。

広瀬‥
しかも、重力や重力加速度みたいに距離の２乗に反比例するっている事なのかもしれないね。

S氏‥
物理法則は再現性が絶対条件。だからこの実験は誰がやっても同じ結果がおこり得る可能性は高いよ。

ただし、エナジーバタフライを購入しなければならないけどね！
あと顕微鏡もあると便利だけどね！

広瀬：波動の物理法則かぁ～。そんなこと普通の人はやらないね。

Ｓ氏：今度は塩の成分による比較実験もしていこうと思っている。

広瀬：でも波動って物理法則だったっけ？

波動の力を使いこなす方法

波動の力が本物であるなら、波動の力を利用してみない手はないと思いませんか？ 波動の力を利用した商品は、先ほど紹介したスポーツ用品や健康器具を始め数多くあります。これらの商品を普段の生活に取り入れることで、波動の力を利用することができるのです。

たとえば弊社で扱っている商品のひとつに「開運不思議プレート大安心」というものがあります。

このプレートには、自然界に存在する形で、かつ宇宙のエネルギーを効率的に集め、また放出する働きのある形の代表的なものが描かれています。

メーカーの方から完全マニュアルをいただいています。

「事業拡大・売上・集客力アップ」「受験合格」「身体の体調改善・不成仏霊の浄霊」「土地・空間のエネルギーアップ」などの目的に効果があるとされています。

ちなみに私は、「事業拡大・売り上げ／集客力アップ」を目的に、プレートの上に会社の名刺を置いておきました。

セットしてみると「これで運気上昇！」と何だかワクワクしてきました。

たとえば神社にお参りする。ご先祖様のお墓参りをするとどこか気分がスッキリすることがありますね。

これと同じで、スピリチュアルグッズを活用すると、それだけで気持ちが前向きになることがあります。やる気がわいてきて楽しい気分になることがあります。

これもまたスピリチュアルな力の効果のひとつでしょう。

私はオフィスにセットしましたが、これを目にすると非常にやる気が湧いてきますし、オフィスの空間も浄化されているように感じます。

このように、スピリチュアルグッズは困ったときだけではなく、いまの生活をより楽しいものに、充実させるためにも使えるのです。

スポーツの世界では波動製品はたくさん使われています。

スポーツの世界ではわずかな力の差が勝敗を分けます。

しかも、実力が上がれば上がるほど、ほんのちょっとした差が勝敗を分けるのです。

だから、スポーツ選手は、波動系のアクセサリーを身につけている方がたくさんいます。

ただし、波動という言葉は使いません。

波動という言葉は、世間一般では放送禁止用語です。

弊社でも販売しているｉｎｆｉｎｉｔｙ Ｂａｌａｎｃｅ（インフィニティバランス）は完全な波動製品ですね。

科学的なデータはたくさんあります。

ｉｎｆｉｎｉｔｙ Ｂａｌａｎｃｅ（インフィニティバランス）とは？

ｉｎｆｉｎｉｔｙＢａｌａｎｃｅとは、世界のある特定の場所でのみ採取できる自然界に存在する貴重な天然の資源を粒子化し、その粒子に弊社が開発した独自の特殊加工を施すことによって、よりバランスパワーを高め、無限大のバランスパワーを持つパワー微粒子を作り出すことに成功しました。

この粒子を「パワー粒子パウダー」と名付け、そのパワー粒子パウダーをブレスレットやカードの樹脂に練り込み、成形加工して完成した商品です。

ｉｎｆｉｎｉｔｙＢａｌａｎｃｅ(インフィニティバランス)は、子供からお年寄まで年齢を問わず・男女の性別を問わず・職業や労働条件などを問わず・スポーツのジャンルを問わず、どんな方でも身につけて頂くだけで、身体のバランスが左右対称になります。

また、普段自分の意思で力を入れる事が出来ない部分に、自然と力が入る様になります。

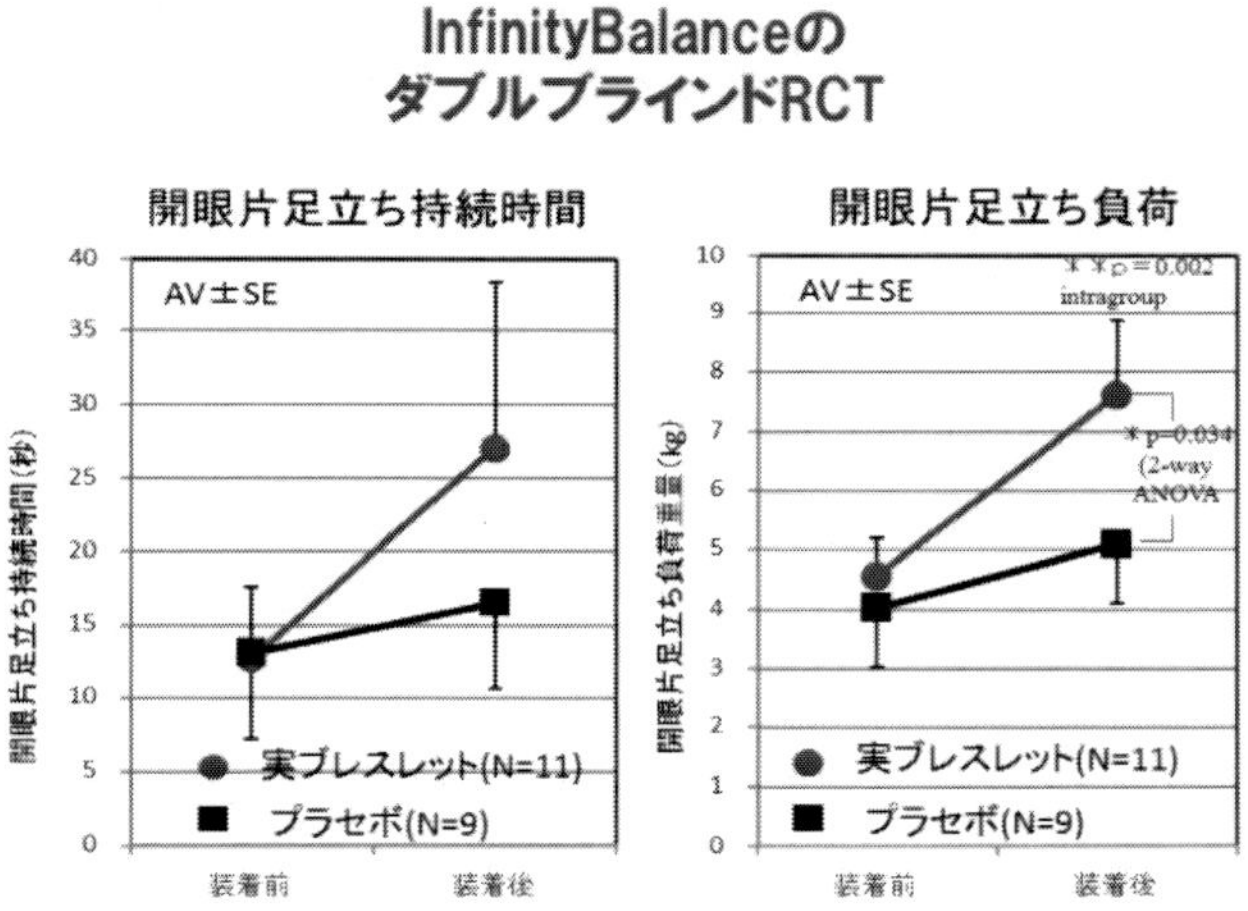

世界トップレベルのスポーツの世界において、最強&最大のバランスパワーを発揮したい場合、日常生活や趣味・健康の為のスポーツ時においても、ｉｎｉｎｆｉｎｉｔｙＢａｌａｎｃｅがあなたのバランスサポート・身体サポート・健康サポート致します。

ｉｎｆｉｎｉｔｙＢａｌａｎｃｅは１００％「ＭＡＤＥ　ＩＮ　ＪＡＰＡＮ」の製品です。

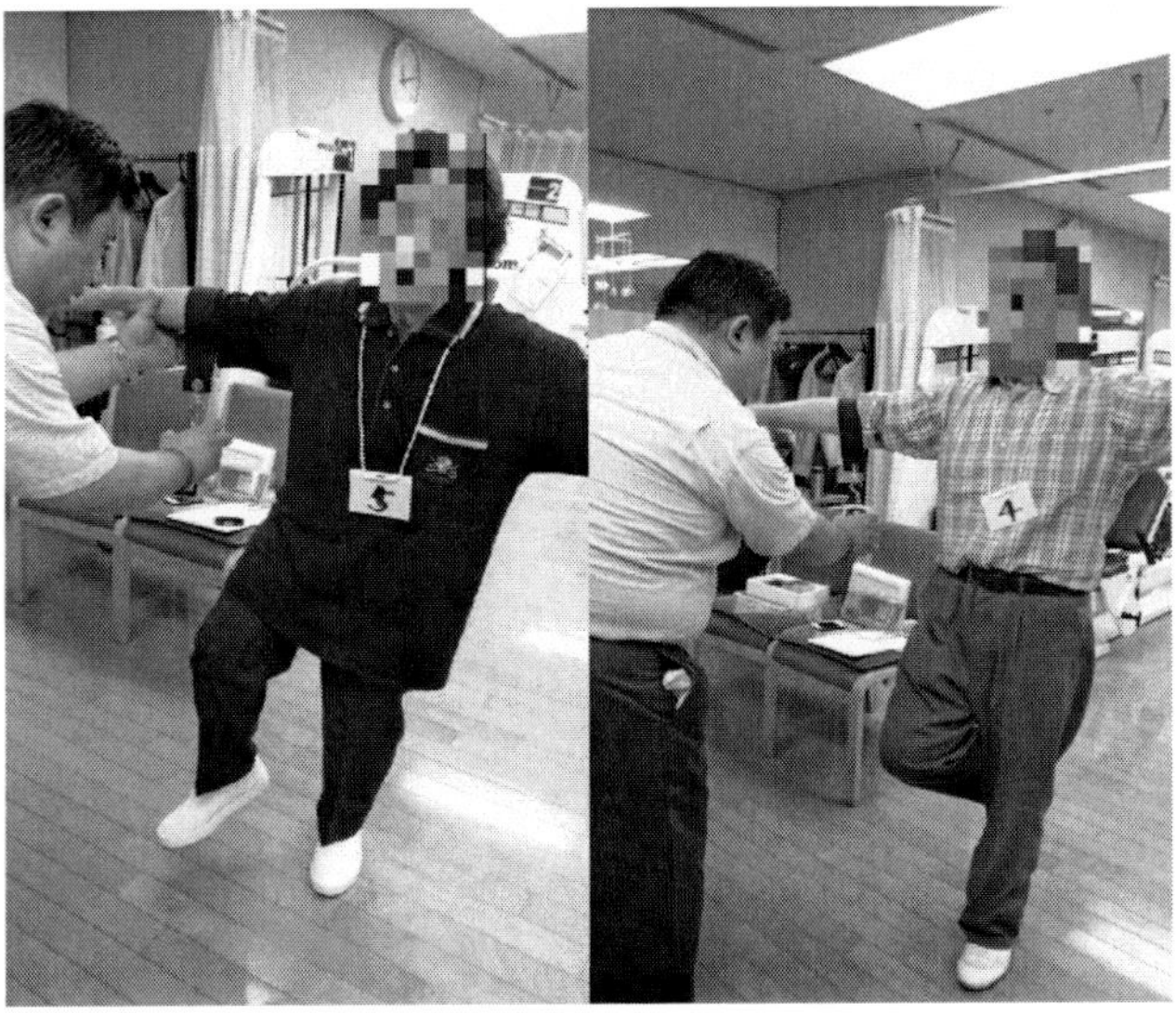

InfinityBalanceの ダブルブラインドRCT

解析：帝京平成大学ヒューマンケア学部
教授　上馬場　和夫

20例の被験者に、実験について説明し同意を取得した後、開眼片足立持続時間、開眼片足立負荷荷重を測定。ランダム割り付けでコントローラーを上馬場が担当した。

キーオープン後、実ブレスレット群(N=11：女性7名、男性4名：年齢72±10歳)とプラセボ群(N=9：女性7名、男性2名：年齢72±9歳)を比較したところ、開眼片足立負荷の2-way ANOVAによる群間比較で有意差を認めた(p=0.034)。実ブレスレット群の群内変化も有意に負荷荷重が増大した(P=0.0002)。

但し、閉眼片足立持続時間には、ばらつきが大きかったためか、平均値の傾向は差があるように見えたが、有意な差にはならなかった。前屈柔軟性、10m歩行スピードにも2群間の差はなかった。

マイナスイオンも波動の一種

また、先日、Ｄｒ Ｓｅｔｏｎ（ドクターシートン）を買っていただいたお客様から感謝のメールが届きました。Ｄｒ Ｓｅｔｏｎ（ドクターシートン）はマイナスイオンを放出するシートです。マイナスイオンも疑似科学といわれ世間からは疑いの目で見られている現象です。

その方の飼い猫が一週間前に交通事故にあい、大怪我をしたのだそうです。病院に連れていくと医者は「肺が壊れていいて危篤状態」と診断。

その方は、病院から猫を連れて帰り、猫の寝床にこのＤｒ Ｓｅｔｏｎ（ドクターシートン）を敷いて、からだに当てるなどして看病したといいます。

翌日、再び猫を病院へ連れて行くと、「昨日は危篤だったけれど、今日は重態になっているね」とお医者さん。一週間後にはかなり回復して元気に動き回るようになり、医者も

「それにしても回復が早い」と驚いていたそうです。

その方のメールには最後に「ひとつの命が救われました」と書かれていました。

世間的には理解されないスピリチュアルグッズの通販をやっていてよかったな、としみじみ感じる瞬間です。

この仕事をしていると、身のまわりに困ったことや悲しいことが起きて、辛い思いをされている方が多いなとも感じます。しかし、そんな方たちがひとつの選択肢としてスピリチュアルグッズを活用し、効果を得ていることが案外少なくないのです。

私はこの「選択肢をひとつ増やしてくれる」という点も、スピリチュアルグッズの良さのひとつだと思っています。

おそらく誰にでも似たような状況に遭遇する場合があるでしょう。とても心配なことが起きたけれど、自分には何もやってあげられることがないように思えるとき、あるいは自分のために自分で何かしたいのにどうすればよいかわからないとき。または、あらゆる手を尽くしてもうできることはこれ以上ないと思うとき。

そんなときに、スピリチュアルグッズがあると具体的な行動を起こすことができます。怪我をした愛猫にＤｒ　Ｓｅｔｏｎ（ドクターシートン）を当て、寝床に敷いてあげるなどした先ほどのお客様のようにです。

行動したからといって望むような結果が出るとは限りません。しかしわずかでも希望をもて行動を起こせる、できることが増える、というのは案外強く人を支えるのではないでしょうか。そして行動に移し、実際に結果が出れば、これ以上のことはないでしょう。

第2章　宇宙意識と「超」能力

宇宙意識とは、自分自身が宇宙エリアと繋がることです。宇宙エリアと繋がるということは、遠くの世界から、もう１人の自分が自分自身を客観的に見つめている状況を指します。

宇宙意識と自分の体が一体化すると、特殊な「超」能力が身に付きます。

「超」能力者になるということは、

・スプーン曲げができる

・空中浮遊ができる
・引田天功みたいに脱出ができる

など特別な能力ではありません。

将来、億万長者になり世界一周旅行に行って、セレブな人たちとお友達になれるような能力を身につけることです。

これはちょっと冗談ですが……。

「超」能力者

手助けをしてくれる製品が時間軸のペンデュラム（未来予定図１）です。
時間軸を歪ませて、未来の数字を予知する道具です。
時間軸のペンデュラム（未来予定図１）は宇宙意識と自分の体が共鳴することが重要で

す。

近未来の数字を予測するということで「競馬やロト7」に使用している人もいます。

しかし最終的な目標は「競馬やロト7」を当てることではありません。

遠い宇宙から、自分自身を眺めていると、自分が本当にやりたいことに「ハッと」気が付きます。

そして宇宙意識と繋がる瞬間は、超自然体であり「無の心」になっています。

その時あなたが「超」能力者になっている状態です。

S氏は以前から特殊な映像を何本も自分のスマホで撮影しています。

「光が曲る」など通常では起こらない映像は「開きっぱなしで宇宙と繋がっている時だけしか映らない」と言っていました。

このYOUTUBE動画のアドレスは実際に光が揺れている動画です。
https://www.youtube.com/watch?v=obgHFbg8Fig
また宇宙と繋がるためには経済的な余裕も必要です。

・借金取りに追われてビクビクしている
・遺産相続で兄弟喧嘩している
・経済的な理由で夫婦の仲が悪い

そんな状況では絶対に難しいらしいです。

人には様々な環境があるので、私自身がみなさまの生活状況を推測することはできません。

しかし、本当に宇宙意識と繋がった時に、自分の人生の目的がはっきり見えてくるそうです。
その瞬間こそ、人生で幸せを感じる瞬間だと、Ｓ氏は言っていました。

「超」能力者とは、旧態依然のオールドタイプではない、新しい感覚を持った人間になるということです。

新しい感覚を持った人は、感性が鋭く、仕事ができ、お金持ちになる運命が巡ってくるのです。

それは、偶然ではなく必然です。

下記 URL ダウンロードしてください。

http://moringa-juice.com/wp/wp-content/uploads/2018/10/ON-OFF1.pdf

[超]能力とは	誰でも生き物であれば持っている特異的な能力 (個性・属性的な能力が特徴であるが平均的に高い人も存在する) 例(一部):オーリング、オーラ、波動感知、答えが湧いてくる。映像化される。 他人の思考や気分の感受性が高い。 勘や閃き、人の観察力も一部含まれる。
特長	下の図の頭脳エリアが全てだと思って一生を終える人が当然多いです。 科学者は精神エリアが大きい方も多いです(閃きがない方は研究者に向いていません) ＊努力の結果の閃きのことです。(昼寝や楽しての閃きはダミーかノイズです) 自然に理解者や[超]能力者との縁がどんどん増えてくる傾向があり、相互作用で 能力が高まる環境があります。
“存在”の場所	心の奥底に存在しており、天(空)とはここから繋がっている。 (女性は存在と繋がるルートが違う)

[超]能力のONとOFF

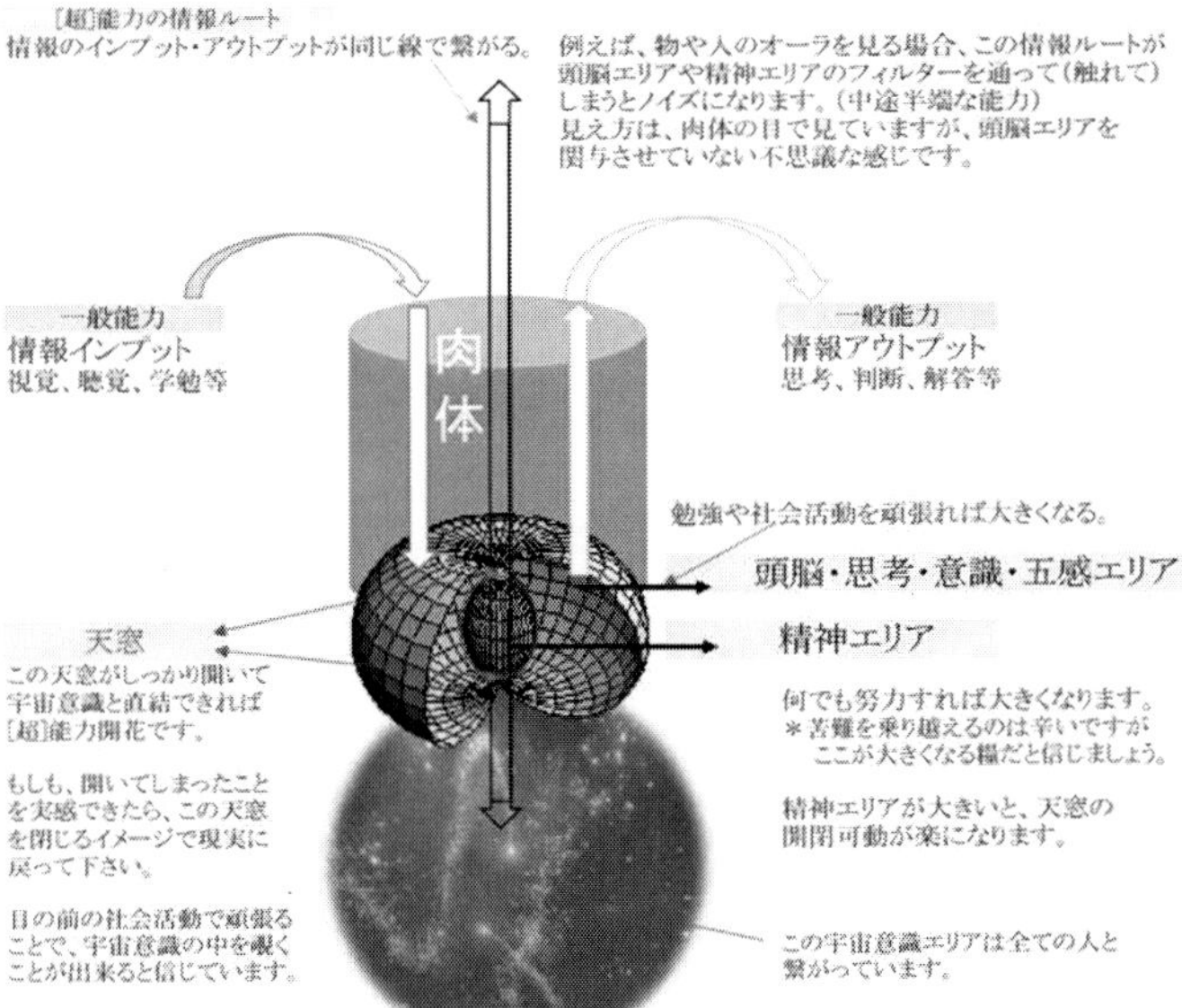

時間軸の歪みが未来を予想する

Ｓ氏が３日前に地震を予言した

２０１９年　１月１２日（土）　突如Ｓ氏から地震予知についてＬＩＮＥで送られてきました。

広瀬学の著書「ちょっと笑える不思議な世界の裏話」にも、Ｓ氏の地震予知に関しては書いていますが、最近精度が上がってきているように思われます。

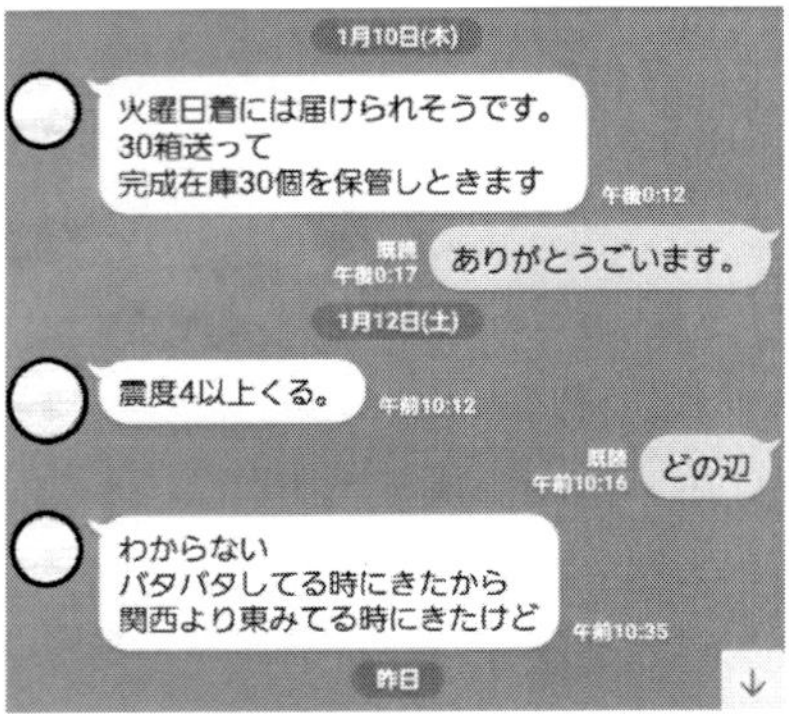

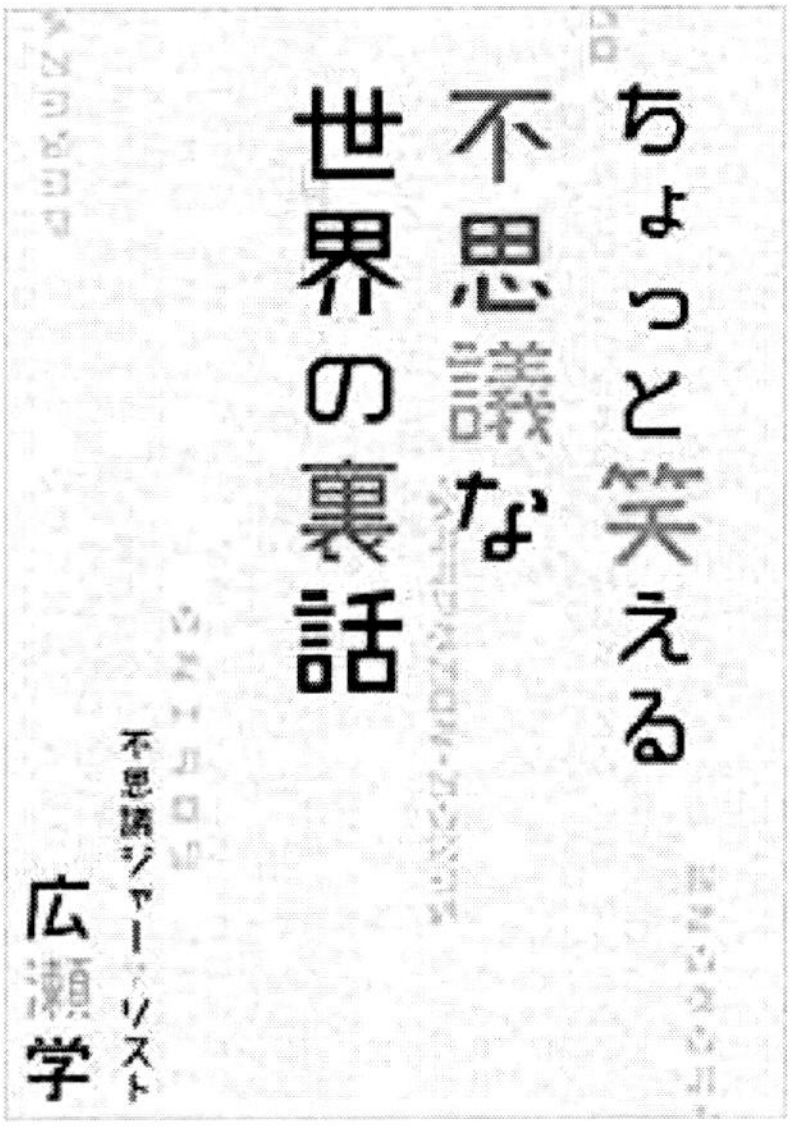

時間軸の歪みによる、脳内部での違和感で予知できるようです。
ただ「公表はしないでくれ」と言われているので発表はしませんでした。
（当たっても、外れても多くの方々に迷惑がかかる可能性があるため）
発表した瞬間から時間軸がずれるようで未来が変わってしまう可能性が高いようです。

企業家は〝予知能力〟が高い人が成功する。

「１０年後の未来がこうなる」と信じて行動し続けて、予測が当たれば大成功！
成功する企業家は「超」能力者が多い。
成功している人は必ず成功した瞬間をビジョンに描き逆算して行動している。
なぜなら、信じて疑わない人は未来が見えているから。

未来の結果が分かっていれば、何兆円借金しても恐怖心は微塵も起こらない。だから普通の人には、〝その行動〟が理解できないのかも知れません。

孫正義氏はまさに「予知能力」が最高レベルな人だと思っています。

宇宙からの秘密のメッセージ　～アカシックレコードを読み解く

アカシックレコードとは、宇宙が誕生したときから現在までの全ての事象・想念・感情が記録されているという世界記憶の概念のことです。アカシックレコードの語源は、「虚空蔵菩薩」の梵名「アカーシャガルバ」であると考えられています。

アカーシャとは、サンスクリット語で「もともとの本質」という意味です。無限の知恵と福徳を含んでいることから、この名前が付いたと考えられています。

アカシックレコードはどこか特定の場所にあるわけではなく、エネルギーの集合体として、多次元に存在すると考えられています。

アカシックレコードは読み解くことができ、さまざまな悩みを解決するのに役立つと考えられています。リーディングの方法には、主に、瞑想・夢診断・ヒプノセラピー（催眠療法）・占い師に見てもらうという３つの方法があります。

瞑想はリラックスできる格好で、椅子に座るか床に仰向けになって行います。そして、筋肉をリラックスさせ、真っ黒な鏡をイメージし、それに対して知りたいことを質問します。質問に対する答えが聞こえてきた場合や、頭に浮かんできた場合は、リーディング成功です。

夢診断も効果的です。夢を見ているときは、アカシックレコードとつながっている状態で、リーディングをしていると考えられています。夢に出てきたシンボルにどんな意味があるか調べることで、アカシックレコードを読み解けます。夢を覚えていないという方は、夢日記をつけてみましょう。

ヒプノセラピー（催眠療法）を受ける方法もあります。ヒプノセラピーとは、セラピーを受ける方が催眠状態となり、自分の内面と向き合いながら課題を解決していく心理療法のことです。催眠療法を受けている最中、潜在意識を通じて質問の答えが浮かんでくると言われています。

占い師に占ってもらうのも効果的です。占い師の中には、統計学を使った占いだけでなく、リーディングができる方もいらっしゃいます。瞑想や夢診断で読み解くのは難しいという方におすすめです。

占い師に頼めば、悩みを踏まえながら、リーディングの結果に沿って的確なアドバイスをしてくれます。

もしも、人間関係・健康・お金・人生・恋愛といった悩みがあれば、アカシックレコードのリーディングをしてみてはいかがでしょうか。

リーディングをすることで、悩みを解決するヒントが見つかるかもしれません。

アカシックレコードには、今まで起こった全ての事象が記録されているとされています。困ったことがあった際は、ぜひその力を借りてみてください。

アカシックレコードとは、宇宙が誕生したときから現在までの全ての事象や想念が記録されている世界記憶のことです。アカシックレコードを読み解くには、瞑想・夢診断・ヒプノセラピー・占い師による鑑定といった方法によってリーディングを行い、悩み解決のヒントを見つけましょう。

「Ａｘｉｓ（アクシス）って何それ、そんなあやしいもの発売していいの！」

ＡＸｉＳ（記録層到達アンテナ）を使用すると、一般人でも宇宙の記録層でもあるアカシックレコードへアクセスすることができます。

精神的、肉体的束縛からの解放（開発者　ＫＯＴＯＲＡＢＯ　山崎さん）

（仮説）この世界に存在するものは、人間も、無生物も同じ存在の原理によって存在している。全てがこの宇宙の誕生からの情報が遺伝子に刻まれている。

無生物的無機物ですらその構造により機能を持ち、存在を時間の中で示していることは、生命をもって活動していると考えられる。

その観点からは人間、動物、植物だけが生命体ではない。

そして存在する全ては、宇宙の始まりから今までの記憶を遺伝子情報として全部持っている。

ただし構造が変われば変化する前の情報は封印され、新しい構造体としての生命の遺伝子情報が営みをはじめる。

その遺伝子機能を活性化させるには、過去の構造体としての機能、すなわち過去の全ての封印されたしまった情報を復活させればよい。

その過去の記憶情報は、有だけでなく無の領域、さらには無の誕生以前にまで遡れば、その情報機能が遺伝子情報として出現する。

人ならば眠っていた遺伝子情報が動き出し、存在を示すという生命の基本から始まり、眠っていた才能の分野までが動き出してくる。

それは運が良くなったり、個別の才能が使いこなせたり、肉体的な動きとしても、病気が治ったり、運動機能が高まったりする動きとして出現する。

精神的にも、本来あるべき自由で柔軟な生き方が可能となる。

エネルギーは生きていく（自然の中で存在を示す）為の原動力で、活動の源として体内に保持する力のことです。

私自身の考えでは、この製品は理屈で考えたら駄目だと思います。

ＡＸＩＳを世に出そうと思ったきっかけは、
「アカシックレコードの講座やセミナーは本当に正しいのか？」
アカシックレコードの講座やセミナーは全国各地で行われているようですが、１人１人の先生によってまた考え方や方向性が違ったりするんですよね。

気功、レイキなども全く同じです。

Ａｘｉｓは道具ですから、洗脳される事はありません。使いこなして自分の能力が向上したら、逆にその先生に「違っているよ！」と言えるのかもしれません。

スピリチュアル業界を敵に回す恐ろしい商品になるのかも……。

私からのご忠告。この製品は、自分の体の中で「ピピっと来る何か・・」直感が来なければ買ってはダメです。

あと、未来は見えない方がよいです。

未来は見てはいけません。

未来が見えるということは、「自分が何時死ぬのか」もわかってしまうのです。

２０～３０年後だったら、何となく漠然としていてあいまいですが、半年後、１年後が見えたら絶対にあなたはその未来を否定します。

私に未来が見えたら、すぐ会社をたたんで、明日から競馬、パチンコ三昧です（笑）。

見えても見ない。それが鉄則です。

それでも、もし見えたら、書き換えてください。

Ａｘｉｓの究極の目的は、自分の能力を書き換える事です。

私がこの製品を使うようになって１つ思ったことは、根拠のない、漠然とした自信がついたことでした。

・成功する人は、根拠のない自信を持っている
・成功できない人は、根拠のない不安をいつも抱えている

成功する経営者は、「１０年後は必ずこうなっているから、今この事業に投資しよう」と１００％の自信を持っている。

そういう人って結局見えているのでしょう！　未来が。

ただ必要以上の情報は見ようとしないのですね。

だから天才的な経営者というのは、自分では気がつかないうちにアカシックレコードにアクセスしている人ばかりなのです。

Ａｘｉｓがあなたにもたらすメリットは、経営の預言者ピーター・ドラッカーが言った２つの言葉に代表されます。

〈ピーター・ドラッカーの名言〉

未来を予知しようとすることは、夜中に田舎道をライトもつけずに走りながら、後ろの窓から外を見るようなものである。

一番確実な未来予知の方法は、未来自体を作り出してしまうことである。

成功する人間に必要な生まれつきの能力などありはしない。

ただ、あなたが成し遂げたいことに、必要な能力だけを身につければいいのだ。

第3章　「逆引き寄せ」を遮断して本当の願望だけを手に入れる

「引き寄せの法則」だけを信じるのはかえって危険！

先に書いたように、私には特別な波動があるとか、宇宙エネルギーと交信できるといった特別な力は一切ありません。しかし仕事柄、そういった特別な力をお持ちの方たちと多くお会いし、またその方たちが提供してくれる科学的なデータ等を目の当たりにすると、波動の力など不思議な力を信じずにはいられなくなります。

かといって盲目的にすべての不思議な力を信じているわけではなく、超能力を持っている誰かに特別に肩入れしているわけではありません。

私はかなり客観的に冷静にスピリチュアルの世界とつきあっているといえるでしょう。スピリチュアルの世界を否定はしないし、かといって全面的に肯定するわけでもありません。

そんな立場の私が心配なことのひとつは、「引き寄せの法則」を盲目的に信じている人があまりに多すぎる！　ということ。


引き寄せの法則で、お金と時間の自由を手に入れた！

引き寄せの法則で、生涯のパートナーと出会えた！

引き寄せの法則で、仕事が大成功した！


このような言葉は、引き寄せの法則の書籍やネットに溢れています。そして成功事例がいくつも出ています。

「心の状態が現実を引き寄せる。だから願望を心に強くもち、常に感謝をして行動を起こせば願望は叶う」というのが「引き寄せの法則」です。

《引き寄せの法則》　願望　＋　感謝　＋　行動　＝　願望実現

たとえば「心に楽しいことを思い描けば、楽しいことが実際に起きる」「お金持ちになりたかったら、すでにお金持ちになっている自分をイメージして、そのように振る舞うとい い。するとお金が入ってくる」などというわけです。

しかし、このような「引き寄せの法則」のプラス面ばかりを鵜呑みにするのは危険です。

とくに真の成功をめざす人は、「引き寄せの法則」だけに気をとらわれないような注意が必要です。

というのは、「引き寄せの法則」に従って行動すると、同時に「逆引き寄せ」も起きるからです。「逆引き寄せ」とは、自分が望んでいるものとは真逆のものが引き寄せられること。「引き寄せの法則」と「逆引き寄せの法則」本当はセットになっているのですが、常にスポットが当たるのは「引き寄せの法則」のみなのです。

あなたのまわりにも、「逆引き寄せ」を起こしている人がいないでしょうか。

たとえばその人は「ビジネスで成功してお金持ちになりたい」と強く望んでいます。具体的な行動に移そうと、複数の高額セミナーに足繁く通います。そして気に入った講師の書籍やＤＶＤを大量に購入。気づいたらお金持ちどころか借金を抱えているというパターンです。

あるいは「健康になりたい」と強く望んでいる人が高額な健康器具をローンで購入。ローン返済のために深夜まで働かなくてはならなくなり、返って健康を害するというパターンもあります。

結婚を強く望んでいる人がパートナーを探すためにどこかのサークルに入っても、自分のタイプとは違う人とばかり出会ってしまう、という場合もありますね。

願望を心に強く持ち、そのための具体的な行動をしたにもかかわらず願望とは真逆の結果を手に入れてしまう。これが「逆引き寄せ」です。

成功者にも「逆引き寄せ」は起きている

では、実際に「引き寄せの法則」でビジネスがうまくいった人や、お金持ちになった成功者たちはどうだったのか、と思うかもしれません。おそらく彼らにも「逆引き寄せの法則」は起きているはずです。しかし「逆引き寄せ」の部分は大っぴらにしないだけ。彼らはうまくいった部分だけを宣伝するため、常にすべてがうまくいっているように感じるのです。

また「引き寄せの法則」で成功した場合はトピックになりやすいですが、失敗した場合はなりにくい。よって私たちは成功例ばかりを目にすることになり、「引き寄せの法則」を使えば何もかもうまくいくような錯覚に陥ってしまうのです。

といっても、確かに「引き寄せの法則」でうまくいっている人は多くいます。

おそらく、「引き寄せの達人」になると、感性が研ぎ済まされて「これは逆のものを引き寄せるな」という勘が働くのでしょう。Ａという状況とＢという状況が目の前に起きたときに、Ａは本当の願望に繋がるものだけれどＢは逆を引き寄せる、というのが感覚的にわかるようになるのだと思います。そういう人は、うまくＡだけを取り込みＢは排除していく。

なかには無意識にその選択をしていて、ゆえに「逆引き寄せ」が起きていることを自覚していない人もいるかもしれません。

そして彼らもまた、最初から引き寄せの達人だったわけではなく、過去には逆引き寄せが起き、痛い思いをして立ち止まるという経験があったはずです。その経験を経て、自分にやって来る状況を吟味し、より良い選択をするようになっていったのでしょう。結果、逆引き寄せの弊害をできるだけ少なくすることができるのです。

つまり、「引き寄せの達人」の域に達していない私たちが、「引き寄せの法則」のプラス面だけに目を向け、よく吟味せずにむやみに行動を起こすのは、「逆引き寄せ」のほうが際立ってしまう可能性が高いのです。

「逆引き寄せ」は悪いことばかりとは限らない

じつは私は個人的には「逆引き寄せ」がすべて悪いとは思っていません。人が何かを叶えようとするとき、望むものを手に入れようとするとき、そこに苦しみが起きることは「本当に自分はそれを望んでいるのだろうか」と吟味することにつながると思うからです。その苦しみは「この苦しい思いをしてもなお叶えたいことか？」という問いかけになる。そこをよく考えないで欲望に突き進むと、人生が間違った方向に行ってしまう場合もあると思うのです。

「逆引き寄せ」を起こさない方法とは？

とはいえ、この「逆引き寄せ」が起きる可能性とそれが起きる意味を自覚しているのなら、できるだけ「逆引き寄せ」は起きてほしくないですね。

ではどうすれば、できるだけ逆引き寄せを起こさずに済むでしょうか。

じつはこのようなときに使えるスピリチュアルグッズも豊富にあるのです。

そのひとつが、「シンクロニシティブランケット」です。このブランケットは、エネルギーの高い塗料が製品全体にコーティングされています。このブランケットを体に掛けることによって、高エネルギーが低い波動から守ってくれるのです。


引き寄せの法則とは、「自分の波動と同調するものを引き寄せること」ともいえます。

つまり引き寄せの法則で願望が叶うときというのは、自分の波動が願望を実現させるような状況の波動とうまく一致しているとき。自分が高い波動の状態でいると、それに同調して波動の高いことが起きたり、ものが引き寄せられるのです。

逆に自分自身の波動が低い状態でいると、それに同調して低い波動の邪気などが侵入してきます。どんなに心に願望を描いても、自分の波動が低ければ「逆引き寄せ」が起きてしまうのです。

しかし人は常に波動が高い状態でいられるとは限りません。落ち込むこともあれば、気分がすぐれない場合もあるでしょう。

そんなときに「シンクロニシティブランケット」は、ネガティブな波動から身を守ってくれるのです。

同時に、このブランケットはその名の通り、シンクロニシティを起きやすくしてくれます。シンクロニシティとは、いわば「意味のある偶然の一致」のことで、日本語訳では「共時性」「同時性」「同時発生」などといわれます。

人が何か大きな成功をするとき、願いが叶うときには、「まさにシンクロニシティが起きた！」と感じることが多いのです。

つまり、このブランケットには良い意味での引き寄せが起きやすくなる効果と、かつ「逆引き寄せ」は起きにくくなるという効果があるのです。


といっても重要なのは、まずは「引き寄せの法則」は「逆引き寄せの法則」とセットになっている、ということをよく知っておくことでしょう。このブランケットが常に身近にあることでこのことを忘れずに済むかもしれません。そして「願望達成ために真に行動すべきことは何か」をよく吟味できるようになるかもしれません。

幸せは自分で掴み取る引き寄せの法則とは

あなたは今、人生に行き詰まっていませんか？

「私は何故生まれてきたのだろう？」
「どんなふうに生きるのが正解なのだろう？」
「どうやって生きたら満足できるのだろう？」

そう悩んでいる人は、もう行き着くところまで行き着いているという証拠です。

あなたがこの本に辿り着いたのも、誰でもない、自分が引き寄せた情報だからにほかなりません。それが「引き寄せの法則」なのです。

引き寄せに大切なのは波動

そもそも引き寄せというものは、あなたが目には見えない「波動」を発する事で起こります。

この世には、私たちの現代科学では決して明らかにできない波動が満ちています。自然の法則に調和した生き方を目指し、調和した波動を発する事で、望む未来がやってくるのです。

利己的から多利的に生きる事で幸福が舞い込むとはいえ、自分の願いばかりを願ったとしても、都合良く願いが叶うといった現象は決して起こりません。

あなた自身の「成長」に必要な事が、願望達成として現象化するのです。何故、引き寄せの法則に「人間的な成長」が絡んでくるのか？

それは、私たち人間をはじめ草や木、花、虫、水、金属、空気といったあらゆる要素が、魂の成長のために〝在る〟からです。

嘘つくな！でしょう？

嘘のような話ですが、これはすべて真実です。人間の視点からは生命が宿っていないとされる金属や水、プラスチックなど、ありとあらゆるものに「宇宙から見た魂」が宿っています。

地球にある、そして宇宙にあるすべての要素は、「在るべくして在る」という状態にいるのです。それは全て、私たちが光の海にいた時に自分自身で決めて生まれてきたからです。

魂が磨かれると幸せになる

私たちが幸せになるためには、魂を磨くしかありません。魂を磨くというのは、自分の「好き・嫌い」や「楽しい・面倒くさい」という都合を無視して、目の前にやってきた現象に全力で取り組むという事です。

自我ではなく、心で動けるようになった時、あなたにはすぐに「幸せの定義」がわかるようになります。

・引き寄せの法則は、あなたが「波動」を発する事で発動する
・自分に都合の良い事ではなく、「人としての成長」に必要な願いだけが達成される
・人間レベルではなく、宇宙レベルで考えなくてはならない。草にも木にも、金属やプラスチックにも「宇宙としての魂」が宿っている
・幸福とは、魂が磨かれる中で徐々に理解できるようになるもの

何も難しい事ではありません。

まず、幸福に「こだわる」のをやめる事から始めましょう。地球は今、大変な局面を迎えています。

私たち一人ひとりの波動が上昇すれば、天災や人災も少なくなっていきます。やったつもり、ではなく、真摯に取り組むのが大切です。

自分を変化させるにはホメオスタシスを超える必要がある

ダイエットに何度も挑戦しているけれど、体重がなかなか減らない停滞期に差しかかるといつも心が折れて、途中で挫折してしまうという悩みを抱える大学生から、相談がありました。

ダイエットは、これまでの自分の食生活や運動習慣を見直して改める行為でもあります。

自分が「これではだめだ」と過去の行いに抵抗して、改善していく試みですから簡単なことではありません。

人間にはホメオスタシスがあります。これはスピリチュアルな言葉ではなく一般にも広く用いられる言葉です。

その環境を一定の状態に保ち続けようとする傾向を指すこの言葉は別名「恒常性」といい、生物の授業などでも聞いたことがあるでしょう。ダイエット中の体の中や心の中でも、それまでの状態を保とうとするホメオスタシスが働くものです。

ダイエットに途中まで成功していても、また体重が元の状態に戻ってしまうのは、恒常性もおおいに関係しています。

スピリチュアルの世界にもホメオスタシスの働きはあります。

何かに取り組んで状況・状態を改善しようと心を改め、引き寄せの法則などにとりくんでも、それまでしていなかった新しいことを取り入れていく段階で、しっくりと馴染んでいくまでは前の状態を保とうとする働きはどうしても起こります。

そんなときは、自分だけで状況を変えようとしないことも大切です。

導いてくれる先輩や先生を慕い、少しずつ自分の環境を変え、その環境の中で恒常性を発揮できるサイクルを作るしかありません。

この変革期に心や体が差しかかっているときは、途中で「やっぱり無理だった」と思わないで何度でもトライしていくことも大切です。

ネガティブな気持ちにホメオスタシスが働けば、現状は何も解決しないからです。

ダイエットをすることに対して、ときには思い切った決断も必要になります。パーソナルトレーナーを頼ってみるのも、最初は費用がかさむかもしれませんが、一度自分の中にしっかりと根付けば環境や状態は変えられるのです。

一度自分が「変えたい」と願ったら、現状に納得をせずに、何度でも挑戦し続け従来の自分に抵抗していくことが、成長につながります。

自分が満足するまでは、しつこいくらいまで挑戦し続けることが、よい結果につながるのです。

ダイエットに失敗したとしても、失敗した地点を「結果」として諦めてしまうのではなく、次のトライの分岐点だと気持ちを切り替えてみましょう。

たとえリバウンドしても、もう一度取り組んで「痩せる」という事実を最初は強引にでも作るのです。

経験を上書きし、常に現状を打開して、小さくて「痩せた」という成功体験をひとつ作り上げていくことが、心と体を成長させ、結果を導き出します。

第４章　テクノロジーが生み出す悲劇

過度な清潔がアレルギーを増大させる

私はよくスピリチュアルの世界のことを「あっち側の世界」そうでない、いわゆる一般的な世界のことを「こっち側の世界」と言ったりします。

こっち側の世界では微生物の研究家として活躍している方が、あっち側の世界では超能力者としての力を発揮していたり、こっち側の世界では会社を経営する社長が、あっち側の世界では波動の力を使い、じつはそれをこっち側の世界でビジネスに利用しているなどしています。彼らのことをわかりやすく説明しようとすると、どうしても「あっち側の世界」と「こっち側の世界」という言葉が必要になってしまうのです（笑）。

このような方々とのご縁もあって、私には特別な力がありませんが（逆にないからこそ）、「色眼鏡」をかけずに「あっち側の世界」について聞いたり見たりできるようになりました。

そして、あっち側の世界からこっち側の世界を見ると、いまの日本の問題点などが見えてくる場合があるのです。

そのひとつが、清潔にしすぎる日本社会の問題です。

「手のばい菌を落としましょう」「衣類に付着した菌を根こそぎ分解」「テーブルには菌がいっぱい！　綺麗にしましょう」「空気中の菌を除菌します」などのコピーと共に、日本には菌をやっつける製品が溢れていますね。

しかしこの何もかも清潔にしすぎる傾向が、日本人のアレルギー疾患を増加させている可能性があるのです。

日本で花粉症第一号が報告されたのは１９６３年

「昔に比べて花粉症の人が増えている」というのは多くの人が感じていると思いますが、それは具体的な数値としても出ています。

ＮＰＯ法人「日本健康増進支援機構」によると、日本では１９６０年代半ば頃からアレルギー性鼻炎、アトピー性皮膚炎、喘息の人が増え始めます。とくにアレルギー性鼻炎（花粉症は季節性アレルギー性鼻炎）は、１９６０年代では有病率が５％以下ですが、２０００年には３０％まで上がっています。

ちなみに、日本の花粉症の第一例目が報告されたのは１９６３年で、栃木県日光の患者さんだそうです。つまり、それ以前は日本に花粉症はなかったわけです。

なぜこのようにアレルギー疾患が急速に増えたのかという理由は、まだ明確にはわかっていませんが、仮説のひとつとして「清潔にしすぎる社会が原因ではないか」とされています。

1990年代に、国際小児喘息、アレルギー調査機関がオーストリアで行った調査によると、ザルツブルグの農村地帯でアレルギーが少ないことがわかったそうです。

また追跡調査、その後の調査では、農家の子の方がそうでない子に比べて花粉症、喘息の割合が少ないこと、また農家以外の子でも家畜小屋に定期的に出入りしている子はアレルギーが少ないことがわかったのです。

では何がアレルギーを防いだのかといえば、それは「エンドトキシン」と呼ばれる、細菌が出す成分でした。

エンドトキシンは、一度に多量に曝露すると発熱や炎症、感染症を引き起こします。しかしミュンヘン大学の研究で、幼少期の適量な曝露は人の免疫形成に関わる物質のひとつであることがわかったのです。

家畜小屋には家畜の糞があり、糞の大腸菌がエンドトキシンを出します。つまり、家畜小屋には空気中も含めて多量のエンドトキシンがあり、そこに出入りする子どもたちはそれを適度に吸い込んでいた可能性があるのです。

また、世界でもっともアレルギーが少ないのはモンゴルの遊牧民族だといわれています。彼らは家畜と共に暮らし、家畜の出す糞は燃料として使われ、その糞を集めてくるのは子どもの仕事。モンゴルの子どもたちもエンドトキシンを適量に曝露しているからアレルギーになりにくいのでは、といわれているのです。

このエンドトキシンは大腸菌だけでなく、私たちの身近に存在する他の細菌も出します。しかし清潔を謳うあまり過度な抗菌をすれば、人間にとって必要な菌まで殺してしまい、結果的にアレルギーになりやすい環境になっている可能性があるのです。

化学物質の増大が花粉症を増やしている

また、化学物質が増え過ぎたことも花粉症発症を増大させている、といわれています。

埼玉大学、工学部、環境共生学科、物質循環制御研究室の王青躍教授の報告によると、大気中の汚染物質（自動車の排気ガス、ゴミ焼却場などの焼却煙源からの炭素物質、金属成分、またＰＭ２・５など）が飛散している花粉と接触することが花粉症の有病増加に繋がっているのでは、とされています。

スギ花粉症の場合、花粉症発症の原因となるのは、花粉の表面と内部にあるアレルゲン物質（抗原）。この抗原が花粉から分離して体に入り、抗体と結合すると発症します。この分離は自然に分離しているときにも起こりましが、大気中の汚染物質がこの分離を助けるのだそうです。

よって、大気汚染物質が多いところではアレルゲン物質がより多く放散。また、大気汚染物質がアレルゲン物質を化学的に変質させている可能性もある、とされています。

このように見てくると、「過度に清潔を求めること、また化学物質の増大が日本のアレルギー疾患を増やしている」という仮説もうなずける気がしませんか。

こんな時代だからこそ生まれた商品

そうはいっても、今の日本の状況を簡単に変えることはできませんね。

過度な清潔は避けるようにしたとしても、たとえば自分の子どもにエンドトキシンを適度に曝露するような環境で育てられるかといえば、それができる人は限定的でしょう。

また化学物質をできるだけ大気中に放出しない努力はできても、結果が出るまでには長い時間がかかります。

しかし、こんな現在だからこそ、とても役立つものもあるのです。それは「フルソマＫ-２２」という液体製品です。これには腐食物質から化学薬品を使わずに抽出した（ちなみにこれは非常に困難な技術といわれています）フルボ酸、太古の貝化石（ソマチット）と珪素が配合された液体で、アレルギー体質の方から絶大な人気を得ています。

フルボ酸、ソマチット、珪素は、人の体のバランスを整え、調節機能をアップさせます。

お茶にちょっと入れて飲む、天然水で希釈してシュッシュッと部屋に撒く、頭皮にスプレーするなどの使い方がありますが、これは素材そのものなのであくまで自己責任で扱ってもらう商品です。

一度に大量につくることができないため、毎月一回、数量限定で販売しているのですが、毎回３０分で完売してしまう人気商品です。

〈S氏の超微細ミネラル、ソマチッド、フルボ酸論〉

・ソマチッドを体内に入れたければ、太古の腐植土や化石を食べたらよい。
・しかし、それでは何の意味もなく対外に放出されるだけ。
・多量必須ミネラルよりも微量元素が豊富になければならず、そのためには抽出する以外ない。
それらのバランスが整ったときに実験でもわかるようなエネルギーが放出される。
・エネルギーの元は微量元素そのもののエネルギーでソマチッドも動く状態にある条件。
・エネルギーの元は太陽や月の光や粒子及び地場によって、バランスを変えない限りエネルギーの元が切れることはない。

〈フルボ酸について〉

フルボ酸が存在する腐植土も土地や地球規模の歴史的な条件があり、良質なフルボ酸を狙うと必然的にミネラルもついてくる。

ソマチッド狙って化石を選んだら必然的に腐食酸や微量元素が存在し、これからもミネラルやフルボ酸も抽出されてしまう。

要はカルシウムとかカリウムとか鉄分とか特定のミネラルや物質を強調した物って意味が分かっていない証拠。

自然の摂理で全てはうまくいく。・

過度な清潔がアトピー性皮膚炎を引き起こす

過度な清潔は、アトピー性皮膚炎の原因になる場合もあります。

私たちの皮膚には皮膚常在菌がいますが、これらは脂肪酸の膜を作って皮膚を守ってくれます。しかし清潔にしすぎると皮膚常在菌が落ち、皮脂膜と角質層が痛んでしまい、それがアトピー性皮膚炎を発症するきっかけになるのです。

いそベクリニックの磯邊善成院長の談によると「もともと、日本人には全身をゴシゴシと洗う習慣はなかった。それが、高度経済成長を経て、過剰に洗うようになった。アトピー性皮膚炎が急増した時期と一致する」「皮膚の常在菌は、長い時間をかけて育てられた、皮膚を守るための共生システム。それを壊していいはずがない」のだそうです。

つまり、健康な皮膚を保つためには洗い過ぎず、皮膚常在菌を活性化させることが大事なのです。

この皮膚常在菌を活性化し、肌を「本来あるべき姿に戻す」商品もあります。それは酵素を配合した「22世紀の美・入浴液」という製品です。

ところで人の免疫力の70％は腸内細菌によってつくられるのをご存知でしょうか。

人の腸管内では多種・多様な腸内細菌が生息しています。個々の菌が集まって複雑な微生物生態系を構築していますが、この微生物群集は「腸内細菌叢」(ちょうないさいきんそう)、別名腸内フローラと呼ばれます。腸内細菌の数はおよそ100兆個、その種類は一人当たり数百種に登り、その構成は食習慣や年齢などによって一人ひとり異なっています。

この腸内フローラは、病原菌の定着阻害、免疫系の活性化、ビタミンの産生など、人に対して様々な整理作用を有しています。また有害な作用としては、腐敗産物や発ガン物質の産生、各種腸疾患への関与が疑われています。現在では、病気の大きな原因は腸内フローラ（腸内に住む細菌の生態系）が鍵を握っていると考えられています。

ちなみにこの腸内細菌そうの働きにはものすごいものがあります。私たちのからだが必要とする栄養素は、食べ物から摂るものと体内で合成できるものとがあります。たとえばビタミンDは日光を浴びると合成されますが、ビタミンCは食べ物から摂らないと体内で合成できません。このとき栄養を合成してくれるのが腸内細菌そうです。草食動物の馬や牛が立派な筋肉をつけることができているのは、腸内細菌そうが、アミノ酸を合成してくれるからなのです。

そして、この腸内細菌叢の種類や数が多いほど免疫力は高まるとされています。

「腸に良いもの」といえばその代表は乳酸菌ですが、じつは乳酸菌が直接体に良い働きかけをするわけではありません。実際に体に良い働きをするのは、多種の乳酸菌が共棲して作りだす乳酸菌生産物質。

つまり、本当に体のためになるのは乳酸菌生産物質なのです。

先ほど紹介した「美・入浴液」は、複数の菌を共棲させてできた乳酸菌生産物質と酵素が入った液体。これをお風呂に入れると、入浴液が肛門からじわじわと体内に侵入し、腸内の細菌バランスを整える可能性があるのです。

つまり、肌に効くだけでなく、免疫力が高まる可能性もあるのです。

しかもこの商品は、元々浄化槽に好循環を与える液体として開発されたもので、その効果は大手食品メーカーで行われた実験でも証明されました。

商品の元となる「好循環誘導物質」を廃水の入った浄化槽に投入し、臭いや汚泥沈降などの状態を調べたのです。

その結果、投入後24時間〜60時間で浄化槽全体が無臭に近く、液体の臭いも悪臭からおから風に変化、汚泥沈降もスムーズに進むようになりました。

つまり、この商品をお風呂で使い、その水が下水道に流れると、下水道が浄化され、肌のアンチエイジングにとどまらず地球にも好影響を与えるのです。

【実施例 2】　大手食品メーカー様の悪臭及び浄化槽好循環対策

豆腐製造時に発生する高濃度廃水は短時間で腐敗、悪臭発生します。

＜高濃度廃水量　最大180t/24時間＞

BOD	COD	SS	n-Hex	窒素	リン
7,500	3,950	2,000	105	380	47

＜悪臭発生場所＞

投入状況

上液のスクリーン（浄化槽へ）

（悪臭発生場所）

沈殿固形分の凝集脱水後

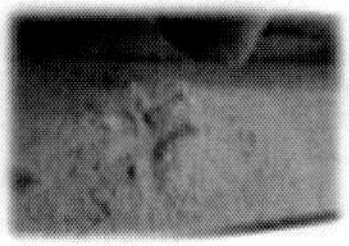

（悪臭発生場所）
黒く変敗してくる

テスト24時間後の凝集脱水後

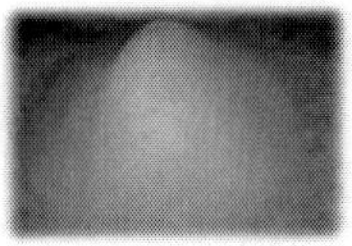

悪臭もオカラ臭に変換され、
黒く変敗しにくい状態になった。
（オカラではありません）

浄化槽全体

（空間悪臭漏れ防止で閉める）（各槽は発酵臭がするが沈殿槽からは時々強い臭いが発生）

開始前SV30

汚泥が浮く状態

24時間後SV30

濁りはテスト5日前に糸状菌対策した影響で、3日目に透明度が増した。

（3/4）

【結果】
好循環誘導物質100mlを水で希釈して1日１回投入することにより

1 24時間〜60時間の短時間で
2 浄化槽全体は無臭に近く
3 高濃度廃水の固形分も液体も悪臭からオカラ風香りに変換され
4 浄化槽の汚泥沈降もスムーズに進むようになった。

日量180tに対して好循環誘導物質が100mlで良い理由は、液温が43℃の高条件の為好循環液酵素等が増幅しやすい環境であった。

添加方法は、現場状況や結果から工夫（点滴等）していく予定。

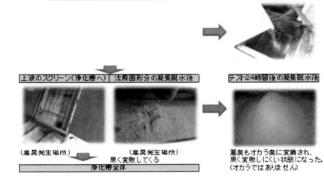

理屈はわからなくても結果は享受できる

ところで、肌に効果がある「フルソマK－22」や入浴液が、願望実現や何かの成功のためにどう関連するのか、と思う方もいるかもしれません。

私がここでお伝えしたかったのは、スピリチュアルの力についてです。スピリチュアルグッズには、このように体を改善させる可能性あるのです。

そしてもうひとつ、私がお伝えしたいのは「とにかく、スピリチュアルの力を一度試してほしい」ということ。

スピリチュアルグッズは効果が１００％保証されているわけではないので、「使ってみる」というのはひとつの挑戦ともいえるでしょう。その小さな挑戦をぜひしてみてほしいのです。

というのは、使ってみると本当に自分に役立つ場合もあるからです。

たとえば農業の世界では有名な「アートテンテクノロジー」というものがあります。これは現代の科学では解明できない宇宙からの情報を農業に応用するものです。

宇宙からの情報を「数列」で受信し、農地のさまざまな状況に応じて図形や色、文字に変換して利用します。

たとえばある図形を畑に置いておくと、太陽の光が当たらない場所でも、まるで太陽光線によって光合成したかのようにすくすく作物が届くのです。

似たような事例で、私の知り合いであるＫＯＴＯＲＡＢＯの山崎さんは「オプティマルエリアゼロ農業用」を使って、白菜を育てました。

「オプティマルエリアゼロ農業用」は特殊なメモリーを封入していて、人の思いが実現する製品です。つまり農家であれば、「野菜がすくすくと育ちますように」という思いのエネルギーが増幅するものです。言葉が見つからないので、「未知なるエネルギー」と呼んでいます。

するとこの農業用オプティマルエリアゼロを使ったエリアで育てた白菜だけが均一に、通常のものより大きく育ったのです。

私のもとに白菜の写真が送られてきましたが、それを見たときには驚いてしまいました。

この未知なるエネルギーを実際に活用している農家さんはいくつもあります。

理屈は理解できなくてもやってみることで、結果は享受できるのです。

これはもうやってみるか、やってみないかの差しかないと思いませんか。人生が好転するきっかけというのも、案外こういうところにあるような気もします。

第5章　あなたがスピリチュアルグッズを使うべき理由

エネルギーはためる一方ではよくない

私たちが何かを成功させたいと思うときというのは、たいていインプットに一生懸命になりがちです。

・できるだけ良い情報をたくさん取り入れようとする
・知識や技術を身につけようとする
・体力をつけようとする
・栄養のあるものを食べようとする

・お金を貯めようとする

たとえばこのように、自分のなかに色々なものを取り込もう、ため込もうとしますね。しかしエネルギーに関しては、ためる一方ではよくないようです。

エネルギーには等価交換がある

というのは、エネルギーには等価交換の法則があるから。

生身の人間のエネルギーは無限大ではありません。そのためエネルギーを発すると、その分だけまた別のエネルギーが入ってきます。

たとえばある人が、悩みをもつ人の話を聞き、慰め、アドバイスをするなどその人のためにエネルギーを使ったとしましょう。話を聞いあげた人は相手にプラスのエネルギーを差し出しますが、同時に相手からはマイナスのエネルギーをもらっているのです。

もしプラスのエネルギーをもつ人同士なら、自分が放ったプラスのエネルギーと同じ分だけ、相手からプラスのエネルギーをもらいます。しかし自分と相手のエネルギーの質がまったく同じということは稀でしょうから、わずかかもしれませんが、どちらかがマイナスのエネルギーを受け取ることになります。

このように、エネルギーは使う分だけ、別のエネルギーが入ってくるのです。とくに医者や占い師、カウンセラーなどは、日々、悩みや痛みをもつ人と接するのでどうしてもマイナスのエネルギーをもらってしまうことが多くなるでしょう。

しかしマイナスのエネルギーを取り込んでいるのは、これらの職業の人に限りません。たとえばある特定の人に会うと妙に疲れる、と感じることがありませんか。

苦手な上司や、営業先の嫌なお客さんと一緒にいる時間が長いときなどです。また、一見、人当たりがとても良さそうな人でも実際に話してみると、どこか違和感があってその後ものすごく疲れる、などというときがないでしょうか。

このような場合は、マイナスのエネルギーを受け取ってしまっているのです。

また、精神的なストレスや肉体的な疲れなどから、自分のなかがマイナスのエネルギーで一杯になってしまうこともあるでしょう。

よって、このようなマイナスのエネルギーをまず抜くことが大事なのです。

まずはマイナスのエネルギーを抜くことが大事

エネルギーに関しても、私たちはつい入れることに一生懸命になりがちです。最近疲れているなと思うと「ご飯をたくさん食べてエネルギーを補給しよう」「今日は沢山寝てエネルギーをチャージしよう」などと考えますね。

でもそれではダメで、まずは余計なエネルギーを抜くことが大事なのです。

栄養のあるものを自分の中に取り入れようと思ったら、まずはお腹が空いていることが大前提です。どんなに栄養満点のものが目の前にあっても、満腹であったら食べることはできません。

スマホの容量が一杯になってしまったら、どんな有益な情報も取り込むことはできませんね。

それと同じで、プラスのエネルギーを取り込もうと思ったら、まずは不要なエネルギーを抜くことが大事なのです。

この不要なエネルギーを抜くときに使えるスピリチュアルグッズというものがあります。

それがプロローグでも紹介した「スーパー共鳴備長炭」です。前にも書いたように、炭は多孔質で中の空間はじつはものすごく広いので、ここにマイナスのエネルギーが吸収していきます。

開発者のＳ氏によると、「静かな環境で、約２分間、左手にそっと持つ」とよいそうです。

鬱の患者さんなどはマイナスのエネルギーを溜め込んでいる方が多いですが、医師のなかにもこの商品を利用している人がいて、患者さんに「ときどき、この備長炭を握ってみるとリラックスできますよ」とアドバイスすることが多いそうです。もちろん波動がどうのこうの、という話はしないそうですが。

といっても、この「スーパー共鳴備長炭」は、日常的にも使えるものです。

とくに悩みやストレスを抱えていないと思う人も、一日の終わりにそっと手にするだけでもいいでしょう。なかには、眠気を感じる人もいるそうです。

また、今日は何だかイライラするな、と思うようなとき。イライラというのは、頭でなくそうと思ってもなかなかむずかしいものがあります。自分でもなぜイライラするのかがわからないときもあるでしょう。そんなときにちょっと持ってみるのもいいと思います。

特殊な能力をマックスで使い続けるのは危険

「道具もうまく使った方がいいですよ！」

これは、私が長らくお付き合いさせていただいている山崎さんがよくおっしゃる言葉です。ＫＯＴＯＲＡＢＯ山崎さんは、ご自身の波動の力を使って商品開発している方なのですが、身近にいる超能力などの不思議な力を持つ人たちを見ていると、つくづく思うのだそうです。

「特殊な能力をもっている人は、自分の才能だけに頼らず、道具もうまく使った方がいい。そうでないと、自分自身の命を削ることになる」

ＫＯＴＯＲＡＢＯ山崎さんのお知り合いのひとりにものすごく超能力の強い方がいらしたそうです。彼は医者、弁護士、大学教授などから頼りにされていて、あるとき長い付き合いのある医者から相談を持ちかけられました。どうしても病名がわからない患者がいるので力を貸して欲しい、と。

そこでその方は、病名を調べるべく集中するといくつかの文字情報が降りてきました。しかしその文字が何を意味するのかがわからず、頭に浮かんだ文字を紙に書いて医者に見せたそうです。

すると医者はその文字を見てすぐに「病名がわかった」と言ったといいます。そこに書き映された文字とはドイツ語で、医者はそのドイツ語が示す意味をすぐにわかったそうです。

病名を当てた彼は医者に大変感謝されたそうですが、山崎さんは忠告したそうです。

「そんな特殊な能力をいつもＭＡＸで使っていると命が短くなるよ」と。

ＫＯＴＯＲＡＢＯ山崎さんの忠告も虚しく、数年後、その超能力者の方は亡くなってしまったそうです。

この超能力者の方は、おそらく、自分の特殊な能力をいつもマックスで使っていることで、エネルギーが枯渇してしまったのかもしれません。あるいはマイナスのエネルギーでいっぱいになってしまったのかもしれません。

マイナスのエネルギーを抜いたら、次はプラスのエネルギーを補給する

このようにエネルギーが枯渇しそうな場合、またはマイナスのエネルギーをしっかり抜いた後には、プラスのエネルギーを入れ込んでいきます。

このときに使えるのが「エナジーオクタゴン（菊）」です。この商品には高い波動が特殊加工されているため、非常に強いエネルギーが入っており、これを手にもつことでプラスのエネルギーがチャージされるのです。

手順としては、まずは静かな環境で「スーパー共鳴備長炭」を使ってマイナスのエネル

ギーをしっかり抜き、その後に「エナジーオクタゴン（菊）」でエネルギーをチャージするのがよいでしょう。

何かを成功させたいと思うときに、自分のなかを良いエネルギーで満たしておいたほうがよいのは言うまでもありませんね。

波動が高い人の近くには、波動の高い人が近寄ってきやすいという話を聞くこともあります。何事も波動の高い人たちの近くにいたほうがうまくいく、というのが宇宙の法則です。

宇宙には宇宙意識と言われるエネルギーがたくさんあります。その宇宙情報をキャッチし、論理的に行動できた人が成功するのです。波動の高い人はこの宇宙意識をキャッチしやすいのです。

ぜひあなたも、スピリチュアルグッズの力を借りて波動の高い状態をキープしてください。そして宇宙情報をキャッチしてほしいと思います。

〈時空の世界！パラレルワールドについて〉

よく映画や小説に登場する「パラレルワールド」という設定。主人公が生きている世界とは別次元にもうひとつの世界があり、そこにもうひとりの自分がいるという不思議な世界観は、誰もが一度はＳＦ作品の中で見かけたことがあるのではないでしょうか。

そんなパラレルワールドですが、実は私たちが生きているこの世界にも存在すると言われています。パラレルワールドは「平行世界」とも言われ、私たちが暮らす世界と平行するように存在しています。異世界とはやや異なるもので、そこには私たちのいる世界とは異なる時空が広がっているようです。

にわかには信じられないような話ですが、とある量子力学に基づいた研究でも、パラレルワールドが存在する可能性が示唆されています。宇宙研究が進むにつれ、これまでには明らかにされていなかった事実が、次々と発見されています。

パラレルワールドを〝ＳＦ作品に登場する単なるフィクション〟として扱うことや、その存在を軽々しく否定はすることは、今や誰にもできない状況だと言えるでしょう。

なお、２０１８年にはアメリカの重力検出器「ＬＩＧＯ（ライゴ）」がイタリアのレーザー干渉計「Ｖｉｒｇｏ」と協力して、余剰次元にある呼吸を検知する実験を進めようとしているようです。

これにより、宇宙にある余剰次元や平行宇宙の発見に、期待が高まっています。もしかしたらそう遠くない未来には、パラレルワールドの存在が科学的に説明されるようになるかもしれません。

ところで、そんなパラレルワールドは、私たちが望むものを自然と手に入れられる「引き寄せの法則」とも無関係でありません。本当は心の底からやりたいことがあるにもかかわらず、仕方がなく現在の生活を選択し、なにかを諦めてしまっていないでしょうか？

ご自身の本当の望みに耳を傾けると、存在したはずのもうひとつの世界へと、足を踏み入れられるかもしれません。

自分が本当に望むものに対して素直になると、自ずと幸せが訪れるようになります。もしかしたらそれらの幸福は、あなた自身がパラレルワールドから引き寄せた結果であるかもしれません。

現在、さまざまな理由からご自身が納得のいかない環境に身を置いているのであれば、その願望が叶うパラレルワールドへとはたらきかけて、幸福な未来をこちらへ引き寄せましょう。

現在の科学技術ではまだその存在が証明されていないパラレルワールドですが、宇宙研究が進むにつれて、そう遠くない未来に新たな事実が発見されるかもしれません。

自分のいる世界とは別次元の場所に幸せが存在するパラレルワールド。ご自身の願望に耳を傾けることで、その幸せを引き寄せることができるのかもしれません。

さて、ここまでいくつかのスピリチュアルグッズを紹介し、何かを成功させたいときにどう活用したらよいかのアドバイスをしてきました。

あなたのスピリチュアルなものへの見方に、わずかでも変化は起きたでしょうか？

これまでスピリチュアルの力をまったく信じていなかった方が、（信じるところまではいかないとしても）「ちょっとおもしろそう」「遊び半分で使ってみよう」などと思っていただけたら、またすでにスピリチュアルの力を活用してきた方が、「これからもどんどん使っていこう！」という気になっていただけたらとても嬉しく思います。

番外編　スピリチュアルにはブラシーボ効果もある。

「ブラシーボ効果」
世間一般では、バカにした言い方をする人もいます。
ひょっとすると、スピリチュアルという存在自体が
「ブラシーボ効果ではないか？」

と思われている方もいるかもしれません。
しかし、そんなことは、どうでもよいのです。
人はいつか死を迎えます。
だから、人は、何かを信じて楽しく生きることが一番重要なのです。

信じればよいことが起きる！　プラシーボ効果（偽薬効果）のメリット

千葉県在住　６０性のＢ子さん。
ＴＶを見て健康茶を購入するのが趣味で日課です。
ルイボスティー、ごぼう茶、トゥルシーティー、杜仲茶、グァバ茶、プーアールティー、どくだみ茶、明日葉茶、桑の葉茶、たんぽぽ茶、マテ茶、と、B子さんの飲む健康茶のバラエティは枚挙にいとまがありません。

B子さん曰く「毎日、様々な健康茶を飲んでいるのでお通じも良く、病気知らず」と、ご近所の方やお教室のお友達にも症状に応じた健康茶を勧めています。

絵画教室でB子さんと知り合った同齢友人のC子さんは、歳とともに身体のところどころが痛み、整体、鍼灸、様々な治療を試していますが、思っていた効果を得ることができませんでした。

B子さんの勧めで、健康茶を飲みはじめることにします。C子さんの体の痛みは関節の歪みが原因だと、B子さんから勧められて、柿の葉、びわの葉、よもぎなどのエキスが入った野草茶を毎日飲みはじめることにしました。

するとひと月ほどで関節のきしみがなくなり、体の節々の痛みも嘘のように改善しなくなりました。そしてC子さんは生き生きと家事や趣味に打ち込めるようになりました。

健康食品やサプリメント利用は年齢と共に上昇し、60歳代では4割強となります。60歳代の1ヶ月の健康食品やサプリメントの平均購入額は4422円と全年代平均値に比べ高くなっています。

健康食品のそのほとんどは効果に対する医学的根拠がありません。その健康効果の大半がプラシーボ効果であるといえるのです。

「プラシーボ」とは、新薬開発の際に、ある薬剤の有効性を検証するため、その薬と見た目そっくりに作られた偽薬のことです。

プラシーボの原料は、薬効成分を一切含まないブドウ糖などが使われます。本物の薬を投与された人と、プラシーボを投与された人たちとを比較し、両群にどれだけの変化があるのかを調べてみますと、驚くことに、ただプラシーボを飲んでいただけなのに、3人に1人は本物の薬を飲んだ人と同様の効果があるのです。

その逆で「ノーシーボ効果」というものもあります。

「病気にかかりやすい」と信じている女性の罹患率は、そう信じていない女性よりも高いという報告もあります。

思い込みは薬にも毒にもなるようですね。

「プラシーボ効果」とは、本物の薬を投与された人と、プラシーボという偽薬を投与された人たちとを比較すると、プラシーボを飲んだうちの3人に1人は本物の薬を飲んだ人と同様の効果があるのです。

その逆で「ノーシーボ効果」というものもあります。思い込みは薬にも毒にもなるようですね。

顕在意識・潜在意識・変性意識の違いを理解し夢をかなえる！

「スピリチュアル」とはどんな意味があるのでしょうか？　海外ではスピリチュアルは

精神的な意味合の他に宗教的な意味合いも含まれているようですが、どちらかと言えば日本では霊的や精神的な意味合いで使われているようです。

スピリチュアルでは精霊や守護霊・ヒーリングやチャクラ・前世などの「目に見えない世界」の話なのです。スピリチュアルな考え方では、私たちはこの「目に見えない世界」の力により導かれ、精神的な気づきや成長を与えられると言うものです。

その中で普段私たちが何気なく使っている「意識」と言う言葉があります。意識には「顕在意識」と「潜在意識」があるのをご存知でしょうか？二つの意識の違いは「顕在意識」は自覚している意識であり、「潜在意識」は自覚していない意識のことを言います。

何かを考える時に頭の中に浮かんでくる考えは「顕在意識」になります。反対に「潜在意識」は頭の中で考えるのではなく、心の奥底に眠っている「想い」なのです。この潜在意識は良くも悪くも想っていることを現実にしてしまうと言われています。

例えば顕在意識で「自分は金持ちだ！」と思っていても潜在意識で「いつか貧乏になる

かもしれない」と思っていると今はお金持ちでも将来的には貧乏になってしまうと言うことです。

その潜在意識を変えて良い方向へ導くことがスピリチュアル療法だと考えられています。

潜在意識にアクセスするには寝ている時と起きている時の間にある状態で、簡単に言えば寝る瞬間の寝入りばな時が丁度トランス状態になります。これを変性意識状態と呼び、この変性意識状態になると人は様々な部分にアクセス出来ると言われています。

この変性意識状態にして潜在意識にアクセスする方法を用いられているのが催眠療法です。

周りの友達が結婚し始めて、自分も結婚を意識しだしているがいい人に出会わず一人取り残されるのではないかと段々焦っているアラサー女子のＡさん。

年齢的に結婚に焦る気持ちはわかりますが、焦ってもいい人には出会えません。まずは変性意識から潜在意識にアクセスをして「いい人と結婚できる」とイメージを意識にインストールして婚活することが大切です。

潜在意識は現実に呼び寄せますので弱気になってネガティブに考えないようにしましょう。

変性意識状態(トランス状態）になって潜在意識にアクセスをする……言葉ですと少し怖い気がしますが、実際に行ってみると終わった後はリラックスした気持ちになります。潜在意識に良いイメージを持ち心の中で想うだけで夢が叶うのです。皆さんも是非始めてみましょう！

著者紹介

広瀬　学（ひろせ　まなぶ）

不思議議ジャーナリスト。オプティマルライフ株式会社代表取締役。

オーディオ専門誌「A&V village」(コスモヴィレッジ社の隔月全国誌・2006 年休刊)で通販記事制作を担当し、またアンテナショップ「エンゼルポケット秋葉原」店長を 10年間務めた。その間、オーディオ評論家や健康アドバイザー、スピリチュアル専門家など、さまざまな人物と出会いを果たし、スピリチュアルの不思議な世界に足を踏み入れる。その後、通販会社オプティマルライフ株式会社を立ち上げ、現在は健康食品、化粧品、スピリチュアルグッズ、テネモス製品などを取り扱うかたわら、自称「不思議ジャーナリスト」として自身が出会ったさまざまな人物とのエピソードやできごとをブログに記している。2018年に記念すべき最初の不思議世界を紹介した書籍「ちょっと笑える不思議な世界の裏話」を執筆、出版した。

もう笑えない　不思議な世界の裏話！

2019年 6月25日　初版発行

著 者　**広瀬　学**

発行所　株 式 会 社　三 恵 社
〒462-0056 愛知県名古屋市北区中丸町2-24-1
TEL 052(915)5211
FAX 052(915)5019
URL http://www.sankeisha.com

ISBN978-4-86693-076-3